30
ANOS

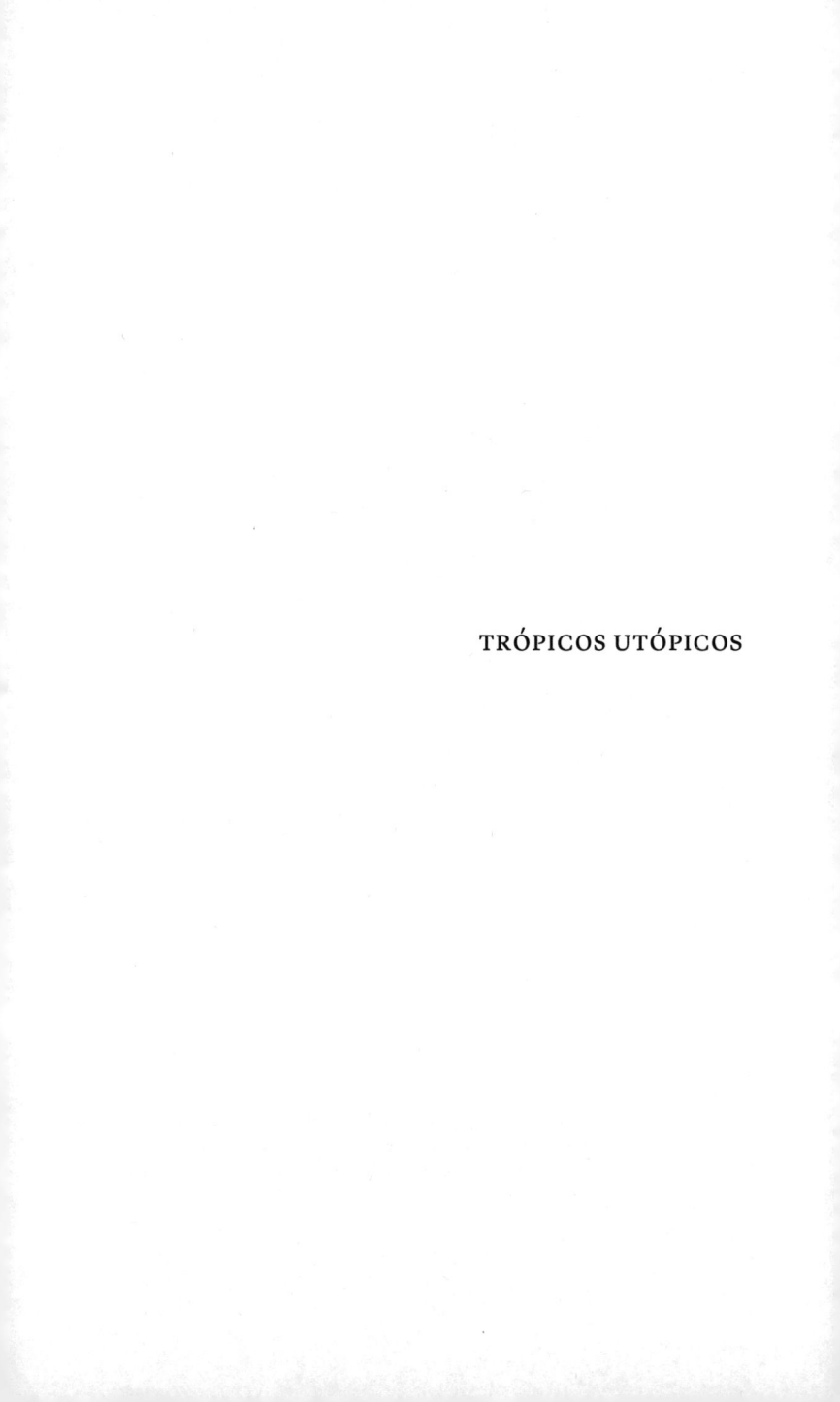

TRÓPICOS UTÓPICOS

A marca FSC® é a garantia de que a madeira utilizada na fabricação do papel deste livro provém de florestas que foram gerenciadas de maneira ambientalmente correta, socialmente justa e economicamente viável, além de outras fontes de origem controlada.

EDUARDO GIANNETTI

Trópicos utópicos

Uma perspectiva brasileira
da crise civilizatória

Companhia Das Letras

Copyright © 2016 by Eduardo Giannetti

Grafia atualizada segundo o Acordo Ortográfico da Língua Portuguesa de 1990, que entrou em vigor no Brasil em 2009.

CAPA E PROJETO GRÁFICO
Kiko Farkas e Ana Lobo/ Máquina Estúdio

IMAGEM DE CAPA
Kiko Farkas e Ana Lobo/ Máquina Estúdio

PREPARAÇÃO
Márcia Copola

ÍNDICE ONOMÁSTICO
Luciano Marchiori

REVISÃO
Carmen T. S. Costa
Angela das Neves

Dados Internacionais de Catalogação na Publicação (CIP)
(Câmara Brasileira do Livro, SP, Brasil)

Giannetti, Eduardo
Trópicos utópicos : uma perspectiva brasileira da crise civilizatória / Eduardo Giannetti. — 1ª ed. — São Paulo : Companhia das Letras, 2016.

Bibliografia
ISBN 978-85-359-2742-9

1. Brasil – Condições econômicas 2. Brasil – Política econômica 3. Brasil – Política e governo 4. Civilização – Filosofia 5. Civilização moderna I. Título.

16-03205   CDD-338.981

Índice para catálogo sistemático:
1. Brasil : Política econômica : Economia 338.981

[2016]
Todos os direitos desta edição reservados à
EDITORA SCHWARCZ S.A.
Rua Bandeira Paulista, 702, cj. 32
04532-002 – São Paulo– SP
Telefone: (11) 3707-3500
Fax: (11) 3707-3501
www.companhiadasletras.com.br
www.blogdacompanhia.com.br
facebook.com/companhiadasletras
instagram.com/companhiadasletras
twitter.com/ciadasletras

A C. R. L.

Sumário

	PREFÁCIO	11
	PRIMEIRA PARTE	
1	A tríplice ilusão	16
2	A formiga metafísica	16
3	As grandes bênçãos	17
4	Quem não gosta de samba	18
5	Nada em excesso	19
6	Aberrações invisíveis	20
7	Ridículo evitado	21
8	O paradoxo da promessa	21
9	Perante o leitor	22
10	O inexpugnável mistério	22
11	A fome de sentido	23

12	*Natura codex est Dei*	24
13	A família dos porquês	25
14	O após a morte	26
15	Receita infalível para o niilismo	27
16	Bizarra empreitada	29
17	A chave do tamanho	30
18	A tábua de Avicena	31
19	Toda nudez	31
20	O futuro de uma desilusão	32
21	A crise de sentido	33
22	Anatomia do impasse	35
23	A maçã da consciência de si	35
24	Natureza cindida	36
25	*Libido sciendi*	36
26	Criador, criatura, criação	36
27	Religiosidade sem religião	38
28	A equação de Hume	38
29	*Insolubilia*	38
30	Microdiálogo escatológico	40
31	Ateísmo militante	40
32	*In God we trust*	41
33	Uma página de Emerson	42

SEGUNDA PARTE

34	Assimetrias	45
35	Ciência e mercado	45
36	Valor e preço	47
37	Roleta-russa com o planeta	47
38	*Air-conditioned nightmare*	49
39	Ardil da desrazão	50
40	A idolatria do PIB	51
41	Progresso	52
42	Os dois caminhos da felicidade	53
43	Império reverso	54

44	O berço de uma utopia	55
45	Onde mora o perigo?	58
46	Falácia da indução	58
47	Em defesa dos profetas	58
48	Pingue-pongue	60
49	O ético e o prazeroso	60
50	A última palavra	61
51	30 de abril de 1986	62
52	A pedagogia da dor	63
53	Autópsia de utopia	65
54	Diálogo interdito, metabolismo aviltado	68
55	O devaneio de Fichte e o alerta de Engels	68
56	Graças do sol	70
57	Plano e mercado	71
58	A falha capital do mercado	73
59	O quadrante do desespero	76
60	Rorschach ideológico	77
61	*De te fabula narratur*	78
62	Caverna digital	79
63	Tópicos distópicos	80
64	Uma página de Valéry	80

TERCEIRA PARTE

65	Descanso de Pirro	84
66	Entreouvido em Atenas	85
67	Rivalidade fratricida	85
68	Liberdade e necessidade ao revés	87
69	Ser livre	89
70	Trabalho alienado	89
71	A charada do consumo	91
72	*Luxury for all*	94
73	Apontamentos para uma história da propaganda (1)	95
74	A corrida armamentista do consumo	95
75	Apontamentos para uma história da propaganda (2)	97

76	Igualdade de quê?	98
77	Dano colateral da desigualdade	100
78	Inscrito na parede de uma barbearia popular	101
79	*And one more for the road*	102
80	O galo e o presidente	103
81	Alma adúltera, vida casta	104
82	Quadratura do círculo	104
83	A Bíblia adúltera	104
84	A domesticação do animal humano	105
85	A granja hobbesiana	107
86	Caliban e seu duplo	109
87	Antropologia reversa	111
88	Geórgica da mente	112
89	Instintos e civilização	114
90	Variação sobre um tema de Diderot	117
91	Instintos e descivilização	117
92	Ser e parecer	119
93	Fidúcia indumentária	121
94	Triplicidade	121
95	A utopia da destruição da privacidade	122
96	*Concupiscentia carnis*	125
97	Paradoxo do cristianismo	128
98	Princípios de sociobiologia calvinista	130
99	A crise da ecologia psíquica	130
100	Insustentável rudeza	133
101	Uma página de Octavio Paz	134

QUARTA PARTE

102	Fertilidade das utopias	137
103	Trópicos utópicos	138
104	Vidas paralelas	138
105	*The American dream*	141
106	Santíssima trindade	144
107	A sentença de Goethe	145

108	Tempo é dinheiro	146
109	Um idílio chinês do século VIII	146
110	O primeiro ensaio do Carnaval	147
111	Sardinha imortal	149
112	Gênios brasileiros	151
113	Barraco objetivo, palácio subjetivo	152
114	Marx e Nietzsche nos trópicos	154
115	Delírios gêmeos	156
116	Mão de preto no couro	156
117	Darwin nos trópicos	159
118	A fala da língua	161
119	*Dancing in the streets*	162
120	Miméticos e proféticos	164
121	Imperialismo reverso	168
122	Suor bíblico e suor dionisíaco	168
123	Sonhar o Brasil	170
124	A questão irrespondida	173
	NOTAS	175
	ÍNDICE ONOMÁSTICO	205

Prefácio

1

A inutilidade dos prefácios é um lugar-comum da história dos prefácios, portanto serei breve. Quem somos nós? Qual o lugar do Brasil no mundo e o que nos distingue como nação? É próprio da melhor tradição de intérpretes do Brasil abordar a questão da nossa identidade de um ponto de vista histórico e retrospectivo — buscando em nossas raízes e na formação da nação brasileira, com suas bênçãos e males de origem, o segredo da nossa singularidade e destino comum. Este livro revisita o tema da identidade, porém com uma diferença de enfoque. O objetivo é analisar os elos que nos ligam ao mundo e distinguir os traços que nos definem como nação, mas a partir de um olhar utópico e prospectivo. Cada cultura incorpora um sonho de felicidade. Que constelação de valores seria capaz de nos unir em torno de um projeto original de realização no mundo globalizado? Existirá uma utopia mobilizadora da alma e das energias dos brasileiros? A que vem o Brasil, afinal, como nação? Trópicos utópicos: no desconcerto plural de uma civilização em crise descortinar a pauta e o vislumbre de uma utopia brasileira no concerto das nações. Este livro abraça e atiça o desafio de desentranhar luz das trevas — o que nunca fomos e, no entanto, arde em nós. O Brasil anseia por poetas videntes e profetas analíticos; por estadistas capazes de construir democrática e conscientemente, sem bravatas nem estridências, os sonhos inconscientes da nação. O Brasil tem fome de futuro.

2

O plano geral do argumento segue fielmente o roteiro delineado na primeira seção do livro (§1 "A tríplice ilusão"). Uma análise dos males e dilemas do mundo moderno constitui o prelúdio adequado para a discussão da possibilidade de algo melhor no futuro. As 124 seções ou microensaios que compõem o texto estão divididas em quatro partes. As três primeiras abordam respectivamente os três ídolos da modernidade — a ciência, a tecnologia e o crescimento econômico — e os impasses oriundos dos seus cultos. A quarta parte introduz a questão nacional e elabora de forma explícita a perspectiva brasileira que orienta a discussão da crise civilizatória. A conclusão (§123 "Sonhar o Brasil") oferece um esboço de utopia do anacronismo-promessa chamado Brasil. Como o leitor atento e sem pressa — essa grande utopia de quem escreve — não deixará de notar, *Trópicos utópicos* é um livro dotado de mais estrutura do que a divisão do texto em seções numeradas possa talvez à primeira vista sugerir. As fontes das citações e dados empíricos usados no texto encontram-se nas notas no final do volume.

3

A longa gestação deste livro se confunde com tudo que vi, li e ouvi desde que me dou por gente. Daí que as dívidas acumuladas em décadas de pesquisa, ensino e amizades tornam impraticável nomear a todos a quem gostaria de registrar minha gratidão — a lista resultaria a um só tempo embaraçosamente longa e ainda assim omissa. Sinto-me feliz, contudo, em expressar o meu agradecimento a dois livros e uma cidade. Se toda escrita reflexiva envolve a prática de um diálogo a sós ou solilóquio, a leitura não raro se revela uma espécie de metempsicose que nos faculta habitar temporariamente o pensamento de outrem. O mergulho em duas obras recentes de antropologia exerceu um papel decisivo na formação da minha capacidade de apreciar a riqueza dos saberes e da cultura de extração ameríndia e africana na vida brasileira: *A inconstância da alma selvagem*, de Eduardo Viveiros de Castro, e *A utopia brasileira e os movimentos negros*, de Antonio Risério. À hospitalidade e generosa acolhida na pousada Solar da Ponte e na cidade histórica de Tiradentes, no interior de Minas Gerais, devo não só o ambiente ideal de trabalho como também o aprendizado de um Brasil profundo onde a vida sonhada não é miragem ou saudade, mas real delicadeza, despojamento e cordialidade. Ao testemunhar todos os dias que a Mata Atlântica, após anos de retração e declínio, voltou a cobrir as encostas da serra de São José, no entorno de Tiradentes, aprendi uma grande lição de esperança: a natureza e as sociedades humanas são portadoras de energias regeneradoras das quais mal desconfiamos.

Primeira parte

1

A tríplice ilusão. — O tempo decanta o passado. O que hoje está patente, ontem mal se entrevia. O mundo moderno nasceu e evoluiu embalado por três ilusões poderosas: a de que o pensamento científico permitiria gradualmente banir o mistério do mundo e assim elucidar a condição humana e o sentido da vida; a de que o projeto de explorar e submeter a natureza ao controle da tecnologia poderia prosseguir indefinidamente sem atiçar o seu contrário — a ameaça de um terrível descontrole das bases naturais da vida; e a de que o avanço do processo civilizatório promoveria o aprimoramento ético e intelectual da humanidade, tornando nossas vidas mais felizes, plenas e dignas de serem vividas. Se é verdade que uma era termina quando as suas ilusões fundadoras estão exauridas, então o veredicto é claro: a era moderna caducou. Crítica ou resignação? E nós, brasileiros, recalcitrantemente "condenados à civilização", *o que temos com isso*? Estaremos um dia à altura de ter algo a dizer e propor diante da crise civilizatória?

2

A formiga metafísica. — Piquenique no parque. Em pé sobre a relva, amigos conversam animadamente. Mas, ao servir um dos convivas, o anfitrião tropeça e derruba a jarra de ponche no chão. O pesado objeto despenca no topo de um recém-formado formigueiro e destrói a morada dos insetos, espalhando seus corpos e ovos por toda parte. Mal refeita do choque, a mais filosófica dentre as formigas sobreviventes logo se põe a especular — *Por quê?* Que desgraça ou punição era aquela? Estupidez cósmica ou maldição? Como explicar a queda do bólido aterrador — a jarra — que irrompeu dos céus feito um raio, dizimou a colônia e foi instantaneamente seguida por um verdadeiro dilúvio de líquido rubro que a tudo arrastava, encobria e afogava com sua força torrencial? — Assim poderia alguém inventar uma fábula e nem por isso teria ilustrado suficientemente quão limitadas, frágeis e rústicas são as nossas mais sofisticadas e inspiradas tentativas de responder aos "por quês" da existência e tapar com mitos e explicações de toda ordem os buracos da nossa infinita ignorância. Quanto mais subimos na encosta do que a ciência nos faculta conhecer, a superfície das coisas, mais descemos na gruta do que mais importaria saber — o porquê e o para quê de tudo. Que sabe a aranha da Via Láctea ou o tamanduá do cogito cartesiano? E, no entanto, vivem — como nós.

3

As grandes bênçãos. — Voltaire dizia que os céus nos deram duas dádivas a fim de compensar as inúmeras desventuras da vida: a *esperança* e o *sono*. O austero Kant endossou a apreciação, mas sugeriu que ele poderia ter adicionado o *riso* à lista. O elenco, quem haveria de negar, é digno de respeito, porém não deixa de trair uma geografia estreita e parcial das nossas fontes de alento e ânimo vital. Nele se reflete, penso eu, uma predileção do espírito pouco afeita à sensibilidade mediterrânea ou tropical, ou seja, a formas de vida mais receptivas à fruição e deleite na órbita dos sentidos. Não deixa de ser sintomático que a nenhum deles tenha ocorrido incluir a *música*, o *vinho* ou o *sexo* (não necessariamente nessa ordem) entre as bênçãos da vida sublunar.

4

Quem não gosta de samba. — "Como se dá que ritmos e melodias, embora tão somente sons, se assemelhem a estados da alma?", pergunta Aristóteles. Há pessoas que não suportam a música; mas há também uma venerável linhagem de moralistas que não suporta a ideia do que a música pode suscitar nos ouvintes. Devido à sua perturbadora sensualidade, Platão condenou certas escalas e ritmos musicais e propôs que fossem banidos da *pólis*; Agostinho confessou-se vulnerável aos "prazeres do ouvido" e se penitenciou por sua irrefreável propensão ao "pecado da lascívia musical"; Calvino alerta os fiéis contra os perigos do caos, volúpia e efeminação que ela provoca; Descartes temia que a música pudesse superexcitar a imaginação; Adorno viu na ascensão do jazz americano no pós-guerra um sintoma de regressão psíquica e de "capitulação diante da barbárie". — O que todo esse medo da música — ou de certos tipos de música — sugere? O vigor e o tom dos ataques traem o melindre. Eles revelam não só aquilo que afirmam — a crença num suposto perigo moral da música —, mas também o que deixam transparecer. O pavor pressupõe uma viva percepção da ameaça. Será exagero, portanto, detectar nesses ataques um índice da especial força da sensualidade justamente naqueles que tanto se empenharam em preveni-la e erradicá-la nos outros? O que mais violentamente repudiamos está em nós mesmos. Por vias oblíquas ou com plena ciência do fato, eles sabiam do que estavam falando.

5

Nada em excesso. — A inscrição no templo de Apolo em Delfos, centro religioso e geográfico do mundo grego, abriga uma peculiar instabilidade lógica. Submeta o "nada em excesso" à sua própria imagem no espelho: a injunção moduladora do princípio da moderação também se aplica reflexivamente a si mesma? É possível exceder-se e ir longe demais no intento de nunca ir demasiado longe; de nunca ultrapassar a certa e sóbria medida? É possível, enfim, pecar por excesso de moderação? Ao mirar-se no espelho, a força moduladora do preceito délfico se vê compelida a baixar o tom e moderar a si mesma: *nada em excesso,* inclusive na moderação. — Mas isso não é tudo. Ao argumento lógico podemos acrescentar um complemento ético. Como saber *até onde ir?* Como descobrir a justa medida? Se nunca testarmos os limites, jamais teremos condições de determiná-los, visto que só aqueles que ousam e se arriscam a ir longe demais são capazes de chegar a saber quão longe se pode e, sobretudo, se *deve* ir. "A estrada dos excessos", reza um dos provérbios do inferno de William Blake, "leva ao palácio da sabedoria." A subversão dionisíaca, quem diria, pulsa no âmago da razão apolínea.

6

Aberrações invisíveis. — Em retrospecto salta aos olhos. Recuemos um pouco no tempo. Ainda nas gerações de nossos avós, bisavós e tataravós, coisas que hoje julgamos eticamente aberrantes foram praticadas de modo corriqueiro, ao abrigo da lei, nas mais avançadas nações do mundo ocidental: a escravidão nas relações de trabalho; a punição corporal de alunos nas escolas; o duelo nas questões de honra; a interdição do voto feminino; a prisão ou castração química dos homossexuais; a segregação racial; a cauterização do clítoris como "cura" da masturbação em meninas (vigente nos Estados Unidos até meados do século XX); a criminalização do consumo de álcool (Lei Seca) e do sexo oral (como no estado americano da Geórgia até 1993, inclusive entre casais casados, com pena máxima de vinte anos de reclusão). — Inverta-se, contudo, o exercício: transportemo-nos mentalmente no tempo para daqui a cem ou duzentos anos e examinemos, em olhar reverso, a nós mesmos. O que saltará aos olhos da geração dos nossos netos, bisnetos e tataranetos como singularmente aberrante em nossas práticas e costumes? Ou teremos, quem sabe, alcançado um padrão ético quase irrepreensível; um inédito ápice civilizatório, como também imaginaram em sua época nossos ancestrais, que nada viam de errado no que faziam ou, incomodados, preferiam desviar o olhar?

7

Ridículo evitado. — As leis da Inglaterra vitoriana puniam severamente o homossexualismo masculino, mas eram omissas no tocante à mesma conduta entre as mulheres. Quando a falta de isonomia foi apontada e uma lei redigida visando suprir a lacuna, a rainha Vitória recusou-se a assiná-la, alegando ser ridículo coibir o que não pode existir. Inviabilidade anatômica?! — Esdrúxulo exemplo da falta de imaginação no poder.

8

O paradoxo da promessa. — Em que circunstâncias alguém se exalta e defende com ardor uma opinião? "Ninguém sustenta fervorosamente que 7 × 8 = 56, pois se pode mostrar que isto é o caso", observa Bertrand Russell. O ânimo persuasivo só recrudesce e lança mão das artes e artimanhas da retórica quando se trata de incutir opiniões que são duvidosas ou demonstravelmente falsas. — O mesmo vale para o ato de prometer alguma coisa. O simples fato de que uma promessa *precisou ser feita* indica a existência de dúvida quanto à sua concretização. Só prometemos acerca do que exige um esforço extra da vontade. E quanto mais solene ou enfática a promessa — "Te juro, meu amor, agora é pra valer!" — mais duvidosa ela é: *protesting too much* ("proclamar excessivo") como dizem os ingleses. "Só os deuses podem prometer, porque são imortais", adverte o poeta.

9

Perante o leitor. — A palavra incita: *decodifique-me*; a frase pleiteia: *creia-me*; o parágrafo cobra: *interprete-me*; e o livro roga: *leia-me*. O autor semeia, a leitura insemina.

10

O inexpugnável mistério. — Aceitemos de bom grado a máxima formulada pelo físico nuclear dinamarquês Niels Bohr segundo a qual "a tarefa da ciência é reduzir todos os mistérios a trivialidades". Aceitemos também a conjectura de que, com o tempo e o trabalho sem tréguas, os cientistas tenham conseguido levar a cabo a tarefa da ciência e todos os mistérios — da origem da vida e da unidirecionalidade do tempo à natureza da "matéria escura" e da relação mente-cérebro —, tenham afinal rendido os seus segredos e se revelado ao olhar humano naquilo que são: trivialidades perfeitamente inteligíveis no ordenamento natural das coisas. — Pois bem. Terminada a tarefa da ciência, restará ainda um derradeiro enigma diante do qual ela não tem, nem poderá vir a ter, o que dizer: o mistério da trivialidade de tudo. Mas, se, *per absurdum*, o derradeiro mistério viesse também ele a ser desvendado, isso apenas daria ensejo a um renovado enigma: o mistério da trivialidade da trivialidade do mistério de tudo.

11

A fome de sentido. — O que nos aconteceu? Como viemos parar aqui? Nada abrupto, seguramente, como costumam sugerir as mitologias das mais diversas tradições, mas em algum momento da sua mais remota ancestralidade os humanos foram tocados pela teima interrogante do saber. Gradualmente, o animal humano adquiriu uma capacidade que o distingue de todas as outras espécies naturais: a peculiar aptidão de recuar e se distanciar de si; de olhar para sua condição de um ponto de vista externo, como um ser entre os outros seres, e de se questionar acerca do seu próprio destino como pessoa, coletividade e gênero. *De onde viemos, por que vivemos, quem somos, o que vem depois?* O desejo de conhecer a verdade sobre o significado e o fundamento último da nossa existência, de um lado, e a necessidade de apaziguar essa inquietação e saciar a fome de sentido, de outro, alimentaram as incontáveis tentativas de formular narrativas e cosmologias que atendam a essas demandas e permitam, de tempos em tempos, reafirmar a crença na vida. Assim como, quer o queiramos quer não, temos todos uma moral e uma escala de valores, assim também, quer o saibamos quer não, temos todos uma metafísica: o desespero do niilista não menos que o êxtase do místico; a mitologia dos tupinambás ameríndios não menos que o positivismo lógico de Viena refletem a eterna demanda. Mas, se a fome de sentido é uma invariante da condição humana, as formas e estratégias de aplacá-la variam ao infinito.

Natura codex est Dei. — "Os nossos pensamentos são nossos, mas os seus fins não nos pertencem", alerta a peça dentro da peça encenada no *Hamlet*. A advertência poderia servir de epígrafe a uma história universal da transmissão de ideias na qual a revolução científica do século XVII teria lugar de honra. Para os grandes expoentes da aurora da ciência moderna, o estudo sistemático do mundo natural estava essencialmente ligado à devoção cristã. Assim como as Escrituras Sagradas traziam a revelação da palavra divina, os fenômenos da natureza investigados pela ciência eram a expressão manifesta da obra do Criador. Era por meio do trabalho científico pautado pelo mais austero e exigente método empírico-dedutivo, como acreditava Newton, que poderíamos compreender "as leis do movimento prescritas pelo Autor do universo" e apreciar a infinita sabedoria e bondade divinas. Os princípios da matemática e as leis da matéria eram, no dizer de Robert Boyle (pai da química moderna), "o alfabeto no qual Deus escreveu o universo". O devoto Kepler sustentava buscar, através da natureza, "o conhecimento mais pleno de Deus e o louvor da Sua obra", ao passo que o infatigável Lineu concebia o exame minucioso e a classificação dos seres vivos como o modo de "se formar uma ideia do seu elevado e maravilhoso Artífice". Mas, se as intenções de todos eles não podiam ser mais claras — e não há motivo para duvidar delas —, o efeito conjunto das suas extraordinárias descobertas terminou sendo justamente o oposto do pretendido. Pois, ao mostrar em seu trabalho científico que os fenômenos naturais podiam ser perfeitamente descritos e entendidos nos seus próprios termos, como um sistema regido por leis imanentes à própria natureza, e sem recurso a nada que não pudesse ser experimentalmente verificável e matematicamente formalizável, os criadores da ciência moderna contribuíram de forma decisiva para tornar Deus supérfluo no universo. Ao buscar desvendar a sabedoria e a bondade divinas no mundo natural — "a matéria não tem liberdade para desviar-se do plano da perfeição", chegou a afirmar o jovem Kant —, eles inadvertidamente baniram o sobrenatural da natureza. A crença de que "a natureza é o próprio código de Deus", expressão da Sua glória, deu lugar à ideia da redundância do ente divino na ordem visível das coisas: *Deus otiosus*.

13

A família dos porquês. — A lógica costuma definir três modalidades distintas no uso do termo "porque": o "porque" causal ("a jarra espatifou-se porque caiu ao chão"); o explicativo ("recusei o doce porque desejo emagrecer"); e o indicador de argumento ("volte logo, você sabe por quê"). O pensamento científico revelou-se uma arma inigualável quando se trata de identificar, expor e demolir os falsos porquês que povoam a imaginação humana desde os tempos imemoriais: as causas imaginárias dos acontecimentos, as pseudoexplicações de toda sorte e os argumentos falaciosos. Mas o preço de tudo isso foi uma progressiva clausura ou estreitamento do âmbito do que é legítimo indagar. — Imagine, por exemplo, o seguinte diálogo. Alguém sob o impacto da morte de uma pessoa especialmente querida está inconformado com a perda e exclama: "Eu não consigo entender, isso não podia ter acontecido, *por que não eu?* por que uma criatura tão jovem e cheia de vida morre assim?!". Um médico solícito entreouve o desabafo no corredor do hospital e responde: "Sinto muito pela perda, mas eu examinei o caso da sua filha e posso dizer-lhe o que houve: ela padecia, ao que tudo indica, de uma má-formação vascular, e foi vítima da ruptura da artéria carótida interna que irriga o lobo temporal direito; ficamos surpresos que ela tenha sobrevivido por tantos anos sem que a moléstia se manifestasse". — A explicação do médico, admita-se, é irretocável; mas seria essa a resposta ao "por quê" do pai inconsolável? Os porquês da ciência são por natureza rasos: mapas, registros e explicações cada vez mais precisas e minuciosas da superfície causal do que acontece. Eles excluem de antemão como ilegítimos os porquês que mais importam. O "porquê" da ciência médica nem sequer arranha o "por quê" do pai. Perguntar "por que os homens estão aqui na face da Terra", afirma o biólogo francês Jacques Monod, é como perguntar "por que fulano e não beltrano ganhou na loteria". No macrocosmo não menos que no microcosmo da vida, as mãos de ferro da necessidade brincam com o copo de dados do acaso por toda a eternidade. Mas, se tudo começa e termina em bioquímica, então por que — e para que — tanto sofrimento?

14

O após a morte. — No apogeu do Império Romano, por volta do século II d.C., só quatro em cada cem homens — e no que concerne às mulheres menos ainda — chegavam aos cinquenta anos; hoje no império americano cerca de 95% dos nascidos chegam à mesma idade — e as mulheres vivem mais que os homens, embora os negros vivam em média seis anos a menos que os brancos. A esperança de vida ao nascer no mundo aumentou mais nos últimos quarenta anos do que nos 4 mil anos precedentes. O êxito da ciência na tarefa de expandir a duração das nossas vidas é um dos seus mais gloriosos feitos. — Mas o que tem ela a dizer diante do mistério da vida autoconsciente que cessa? Nada além do que propunha Lucrécio, o grande sistematizador latino do atomismo grego no século I a.C.: "Enquanto existo, a morte não é; mas, quando estiver morto, nada serei; logo, a morte não existirá para mim". Como antídoto racional do terror que a morte inspira, a fórmula tem o seu apelo; mas de onde a certeza de que após a morte "nada serei"? Por tudo que sabemos — rigorosamente nada! —, a crença de que a morte é o "nada definitivo" não é menos dogmática que a tese do pré-socrático Heráclito segundo a qual "existem coisas que aguardam os homens após a morte as quais eles não esperam e das quais não possuem noção alguma".

15

Receita infalível para o niilismo. — Primeiro, arme-se da máxima retidão cognitiva e de um intransigente compromisso com a objetividade; elimine qualquer vestígio de antropomorfismo na busca do conhecimento e jamais permita que

os seus próprios desejos, gostos, particularidades e interesses contaminem a sua apreensão da realidade. Em seguida construa uma cosmologia de cunho estritamente naturalista arquitetada passo a passo unicamente com base nos resultados das mais recentes descobertas dos diferentes ramos da ciência; do *big bang* à era antropogênica, passando pela formação das galáxias e da Terra, a origem da vida, a evolução das espécies e a aparição do *Homo sapiens*, a narrativa deve ser pautada pelo princípio estruturante de que o movimento da matéria, a auto-organização da vida e os fenômenos da consciência constituem etapas do desenrolar causal de uma mesma cadeia no processo evolutivo. E, por fim, abrace essa cosmologia e dedique-se ao ofício de interpretá-la e interrogá-la de todas as formas a fim de extrair dela tudo que você precisa para "sentir-se em casa no universo"; procure o ângulo acurado, recorra às armas da astúcia e da violência se preciso, mas não poupe engenho nem esforços até arrancar da narrativa naturalista a chave do enigma humano — a verdade sobre o sentido e o propósito últimos da existência em nosso aflito e estreito mundo.
— Eis aí, em síntese, o roteiro do projeto — repisado e variado à exaustão na história do pensamento moderno e na cultura ocidental contemporânea — de uma *science-based metaphysics* ("metafísica calcada em ciência"). E eis aí uma receita imbatível para o triunfo do niilismo no mundo moderno: pois o resultado desse exercício só pode ser *o nada*, ou seja, a consciência da perda de qualquer possibilidade de sentido para a existência *em termos humanos*. A razão é clara. O cerne da postura científica é o compromisso com a máxima objetividade: a produção de um saber que in-

dependa do sujeito do conhecimento e suprima todo viés valorativo e subjetivo do ato cognitivo. A cosmologia naturalista é fruto da agregação numa narrativa dos resultados assim obtidos pelas ciências especializadas. Daí que o produto resultante dessa construção partilhe das mesmas propriedades dos seus elementos constitutivos: uma miríade de evidências e de relações causais de superfície, esvaziadas de significado em termos humanos e alheias aos nossos valores e anseios; um mundo, em suma, feito de átomos em movimento, genes egoístas e software neural, em que o animal humano figura como um subproduto gratuito, ínfimo e dispensável de um cego processo evolutivo, espremido entre a eternidade e a imensidão do cosmos. Do ponto de vista do universo, *o que somos*? Exílio e futilidade: eis o produto do esforço de extrair sentido dos resultados da ciência; e o lamento do cosmólogo americano Steven Weinberg ao concluir o trabalho que lhe rendeu o Nobel de Física em 1979 — "Quanto mais o universo parece compreensível, mais ele também parece destituído de propósito" — é o desfecho inevitável da operação. A ciência que prometia banir o mistério do mundo o deixa cada dia mais insondável.

16

Bizarra empreitada. — No deserto esvaziado da possibilidade de sentido e avalizado pela mais avançada narrativa científico-naturalista embrenhar-se ao encalço das fontes ressarcidoras da confiança cósmica e da fé na vida.

A chave do tamanho. — O antes de nascer e o depois de morrer: duas eternidades no espaço infinito circunscrevem o nosso breve espasmo de vida. A imensidão do universo visível com suas centenas de bilhões de estrelas — talvez uma fração apenas de um "multiverso" contendo inumeráveis mundos — costuma provocar um misto de assombro, reverência e opressão nas pessoas. "O silêncio eterno desses espaços infinitos me abate de terror", afligia-se Pascal. Mas será esse necessariamente o caso? O filósofo e economista inglês Frank Ramsey responde à questão com lucidez e bom humor: "Discordo de alguns amigos que atribuem grande importância ao tamanho físico [do universo]. Não me sinto absolutamente humilde diante da vastidão do espaço. As estrelas podem ser grandes, mas não pensam nem amam — qualidades que impressionam bem mais que o tamanho. Não acho vantajoso pesar quase cento e vinte quilos". — Com o tempo não é diferente. E se vivêssemos, cada um de nós, não apenas um punhado de décadas, mas centenas de milhares ou milhões de anos? O valor da vida e o enigma da existência renderiam, por conta disso, os seus segredos? E se nos fosse concedida a imortalidade, isso teria o dom de aplacar de uma vez por todas o nosso desamparo cósmico e inquietação? Não creio. Mas o enfado, para muitos, seria difícil de suportar.

18

A tábua de Avicena. — "Um homem não sente dificuldade em caminhar por uma tábua estreita enquanto acredita que ela está apoiada no solo; mas ele vacila — e afinal despenca — ao se dar conta de que a tábua está suspensa sobre um abismo." — Se é verdade que a percepção não é o fato — a tábua esteve sempre onde está —, isso em nada diminui a importância — e eventual primazia — do fato da percepção.

19

Toda nudez. — A jovem modelo se despe no estúdio diante do artista a fim de que ele pinte o seu retrato. Por longo tempo ela permanece descontraída e serena, como em outras sessões, até que alguma coisa sutil no olhar do pintor — um raio oblíquo, um inadvertido soslaio — lhe dá a entender que ele já não a contempla como modelo, mas como mulher — como objeto de desejo. Desconcertada com a quebra da impessoalidade profissional, a jovem sente-se perturbada e devassada no seu íntimo: à mercê do olhar desejante de um estranho por quem ela, antes indiferente, passa a sentir — e dissimular — repulsa. Na manhã seguinte, ela pretexta uma gripe, e nunca mais volta a pisar naquele estúdio. — O que de fato se passou ali? Precisava ter sido assim? Nenhum dos dois, é plausível supor, escolheu sentir o que neles se fez sentir. Ela sabia, em sã consciência, não possuir um real motivo para sentir-se ameaçada — nenhum gesto ou palavra dele indicara esse risco. Mas a sensação de vulnerabilidade e o súbito aguilhão da vergonha de estar precisamente ali, imóvel e nua, intensificaram-se de tal forma em seu espírito que ela perdeu o pé de si mesma e só queria sumir o quanto antes de lá. O artista, por sua vez, não só não tinha vontade de sentir-se atraído por ela como seria, talvez, caso lhe fosse dada a opção, a última pessoa do mundo a consentir que o seu desejo aflorasse à sua revelia no olhar. — Suponha, entretanto, para efeito de contraste, uma situação em tudo análoga à descrita mas na qual os gêneros se invertem: como reagiria *um* jovem modelo à faísca inadvertida do soslaio lascivo de *uma* pintora? Ficaria ele de igual modo vulnerável e perturbado? As deformações resultantes de milhares de anos de opressão patriarcal na relação entre os sexos não desaparecem como por encanto no intervalo de poucas gerações.

20

O futuro de uma desilusão. — A ilusão de que uma metafísica calcada na ciência permitiria banir o mistério do mundo caducou — e então? O que nos resta fazer? O *capítulo das negativas* parece razoavelmente claro. Não se pode esperar da ciência respostas a inquietações que estão constitutivamente além do seu horizonte de possibilidades. A ciência só se coloca problemas que ela é capaz, em princípio, de resolver, ou seja, questões que se prestam a um tratamento empírico-dedutivo e cujas respostas admitem a possibilidade de refutação. O equívoco está em abordar as extraordinárias conquistas do método científico com o olhar expectante da busca religiosa ou metafísica. Ao mesmo tempo, contudo, parece simplesmente descabida, além de irrealista, a pretensão de querer limitar a esfera *do que é pertinente inquirir* à província da investigação científica, como se a ciência gozasse da prerrogativa de definir ou demarcar o âmbito do que há para ser explicado no mundo. Uma coisa é dizer que o animal humano partilha dos mesmos objetivos básicos — sobreviver e reproduzir — que todas as demais formas de vida; outra, muito distinta, é afirmar que "nenhuma espécie, inclusive a nossa, possui um propósito que vá além dos imperativos criados por sua história genética" e que, portanto, a espécie humana "carece de qualquer objetivo externo à sua própria natureza biológica": pois, ao dar esse passo, saltamos da observação ao decreto e da constatação ao cerceamento da busca. A teima interrogante do saber não admite ser detida e barrada, como contrabando ou imigrante clandestino, pela polícia de fronteira na divisa onde findam os porquês da ciência.

21

A crise de sentido. — O culto da ciência no mundo moderno — o fato de que o veredicto da comunidade científica se tornou, ao fim e ao cabo, o único com direito à cidadania no reino do conhecimento verdadeiro — produziu uma situação exótica. Os contornos do impasse em que estamos são bem definidos. Por um lado, abrir mão de buscar respostas ao que está além do horizonte da razão científica seria empobrecer — e no limite negar — a nossa humanidade; a fome de sentido do animal humano existe desde que ele próprio existe e seria irrealista supor que ela pode ser suprimida por algum tipo de cordão sanitário cognitivo ou interdição intelectual. Por outro lado, contudo, o próprio avanço da ciência se encarregou de minar de forma implacável, como um ácido corrosivo que a nada poupa, os credos religiosos e as crenças metafísicas de toda ordem que no passado permitiam a seu modo, se não aplacar de fato, ao menos distrair e enganar a fome de sentido; a consequência foi a erosão da confiança na capacidade humana de encontrar respostas que sobrevivam ao crivo de um exame crítico mais exigente e atendam a um padrão de integridade e honestidade intelectuais adequado. Aí reside o cerne da crise: a ciência ilumina, mas não sacia — e pior: mina e desacredita todas as fontes possíveis de repleção. Mas, se ela derruba as alternativas e nada ergue, *o que fica? o que pôr no lugar*? Onde encontrar o que a ciência, por sua lógica intrínseca de apreensão dos fenômenos, jamais nos poderá fornecer? — A pergunta não nasce de mera preocupação acadêmica ou especulativa, mas de um problema real e candente do nosso mundo. A percepção do déficit de sentido e a sensação de vazio, desamparo e futilidade associadas à vitória da perspectiva científica — a pura positividade sem mistério do mundo — tendem a fomentar duas modalidades de reação regressiva que se tornaram traços definidores do nosso tempo: a reversão em massa a formas infantilizadas e caricatas de religiosidade, não raro afeitas ao fanatismo fundamentalista, e o recurso ao consumismo cego e desenfreado como fuga ou válvula de escape diante da perda de qualquer senso de transcendência e propósito na vida.

22

Anatomia do impasse. — A impossibilidade intelectual de crer não suprime a necessidade emotivo-existencial da crença.

23

A maçã da consciência de si. — O labrador dourado saltando com a criança na grama; o balé acrobático do sagui; a liberdade alada da arara-azul cortando o céu sem nuvens — quem nunca sentiu inveja dos animais que não sabem para que vivem nem sabem que não o sabem? Inveja dos seres que não sentem continuamente a falta do que não existe; que não se exaurem e gemem sobre a sua condição; que não se deitam insones e choram pelos seus desacertos; que não se perdem nos labirintos da culpa e do desejo; que não castigam seus corpos nem negam os seus desejos; que não matam os seus semelhantes movidos por miragens; que não se deixam enlouquecer pela mania de possuir coisas? O ônus da vida consciente de si desperta no animal humano a nostalgia do simples existir: o desejo intermitente de retornar a uma condição anterior à conquista da consciência. — A empresa, contudo, padece de uma contradição fatal. A intenção de se livrar da autoconsciência visando a completa imersão no fluxo espontâneo e irrefletido da vida pressupõe uma aguda consciência de si por parte de quem a alimenta. Ela é como o fruto tardio sonhando em retornar à semente da qual veio ao galho. O paradoxo é análogo ao do poeta heterônimo Alberto Caeiro quando afirma que "pensar em Deus é desobedecer a Deus" — e, desse modo, *a Ele desobedece!* O desejo de saltar para aquém do cárcere do pensar se pode compreender — e até cultivar — em certa medida, mas o lado de fora não há. A consciência é irreparável; dela, como do tempo, ninguém torna atrás ou se desfaz. Desmorder a maçã não existe como opção.

24

Natureza cindida. — Da mesma árvore de onde foi colhido o fruto proibido vieram as folhas que cobriram as vergonhas do primeiro casal. Vergonha de ser *o que se é*; culpa de sentir-se e saber-se *como se é*: a mal disfarçada má consciência do animal humano foi o sinal conclusivo da nossa transgressão aos olhos do Deus judaico-cristão. A vergonha trai a culpa.

25

Libido sciendi. — A curiosidade está para o conhecimento como a libido está para o sexo.

26

Criador, criatura, criação. — Vez por outra acontece de me perguntarem: "Afinal, você acredita em Deus?". É uma pergunta que também me faço e, confesso, tenho dificuldade em responder a mim mesmo. Como saber se duas pessoas têm algo parecido em mente quando dizem acreditar em Deus ("minha ideia de Deus", observa Miguel de Unamuno, "é diferente cada vez que O concebo")? Suponhamos, contudo, que falamos de algo razoavelmente próximo, ou seja, não de um Deus-Pai-Todo-Poderoso que está no céu e guarda suspeito parentesco com Seu filho dileto, "criado à Sua imagem e semelhança", mas da existência de um ser transcendente (ou seres), um Criador do universo ou, ainda, alguma forma de inteligência infinitamente superior à nossa e responsável pelo peculiar emaranhado de ordem e caos que, aos olhos humanos, preside a tudo que vai pelo mundo. Pois bem, cabe então perguntar: se eu e você acreditamos num Criador do universo, *por que Ele é assim*? Por que existe algo em vez de nada existir e por que, existindo, existe exatamente como existe, e não de outro modo? A crença em Deus em nada esclarece "o destino final dos homens e das mulheres" nem fornece uma explicação unificadora, capaz de elucidar o sentido último e abrangente da vida, mas apenas remete o mistério a uma instância superior. Ela joga o problema um degrau acima, tornando-o talvez ainda mais enigmático do que seria o caso na sua ausência — pois, se existe, afinal, *um Criador* ou *Ente responsável*, então por que tanta dor e cruel indiferença? Mas, se pudermos aceitar que a palavra "Deus" serve apenas como emblema linguístico da nossa radical e absoluta incompreensão das coisas que mais importam e de nós mesmos, então posso responder sem titubeio: "Sim, creio".

Religiosidade sem religião. — Existe mais mistério no ser de uma simples flor ou de um aleatório grão de areia do que em todas as religiões no mundo.

28

A equação de Hume. — Catástrofes, epidemias, pragas, guerras, acidentes, crimes, doenças, morte: a existência do mal no mundo — um rico e ilimitado cardápio servido agora em tempo real pela mídia eletrônica — é um fato inconteste. Diante dele, como fica o Criador do universo? Se Ele deseja prevenir o mal, mas não é capaz de fazê-lo, então é *impotente*. Se é capaz, mas não deseja, então é *maligno*. Se deseja e também é capaz, *por que então permite*? Mas se Ele ou é impotente ou é maligno ou é distraído — *que Criador, afinal, é este?*

29

Insolubilia. — É difícil encontrar o que se busca quando não se sabe ao certo o que se procura. No que poderia consistir uma solução para o enigma da existência que fizesse sentido em termos humanos? Sabemos o que procuramos quando indagamos do sentido de uma *palavra*, de uma *narrativa* ou mesmo de uma *vida individual*: a semântica do termo; o enredo da trama e a "moral da história"; os valores norteadores e o propósito daquela vida no contexto particular em que ela transcorre. E quando se trata, contudo, da *totalidade da vida ou do ser*? O nó da questão não é apenas a dificuldade de formular uma conjectura minimamente plausível, mas reside na impossibilidade mesmo de sequer conceber o que possa vir a ser uma resposta adequada: pois, não importa qual seja a conjectura oferecida, ela implicará nova e justificada demanda explicativa, ou seja, um renovado — e possivelmente agravado — senso de mistério. — Suponha, por exemplo, que gerações futuras cheguem a descobrir de algum modo o que nos aconteceu e o que tudo, afinal, significa: somos um experimento científico abandonado pelos deuses nos confins do "multiverso"; ou o sonho que alguém de outro mundo está sonhando; ou uma pantomima farsesca para a gratificação de um espírito maligno; ou o drama hegeliano da autocriação do Espírito em sua ascensão dialética rumo ao Absoluto; ou a via crucis probatória da salvação ou danação eterna das almas na eternidade — suponha, em suma, o que for o caso. A revelação do Grande Segredo, é de supor, teria um extraordinário efeito e nos forçaria a repensar em profundidade boa parte do que imaginávamos saber sobre nós mesmos. Ao mesmo tempo, porém, a descoberta de que "pertencemos a algo maior" ou, então, de que "o verdadeiro Deus é o Acaso", descortinaria uma dimensão adicional da nossa ignorância e tornar-se-ia ela própria o Grande Mistério a ser decifrado. O hieróglifo da existência ganharia uma nova feição e o nosso "Ah! então era isso!" serviria apenas como preâmbulo de um potencializado "Mas, então, por que tudo isso?!". A ignorância infinita desconcerta o saber finito. Seja com o "a" minúsculo das metafísicas seculares ou o "A" maiúsculo das religiões, sempre haverá *um além*.

30

Microdiálogo escatológico. — A: É só isso e pronto, meu caro, não adianta sonhar, não tem mais nada. — B: *Só isso* não pode ser! Pode ser que nunca saibamos ao certo, *mas alguma coisa tem*!

31

Ateísmo militante. — "Frazer é muito mais selvagem que a maioria dos seus selvagens, pois estes selvagens não se encontram tão afastados de qualquer compreensão de questões espirituais quanto um inglês do século XX; suas explicações das observâncias rituais primitivas são muito mais grosseiras que o senso das próprias observâncias." Assim reagiu Wittgenstein à análise feita pelo antropólogo social James Frazer — um dos luminares da academia inglesa no período entreguerras — dos ritos religiosos praticados por povos animistas pré-modernos. — É impossível para mim ler as palavras do filósofo austríaco e não pensar imediatamente na pregação dos "ateus militantes" — Richard Dawkins à frente — em defesa de uma interpretação estritamente científica do mundo. Ao imaginar que a crença em Deus é algo que possa ser ligado ou desligado da mente como se opera um interruptor elétrico; e ao propor que se deva tratar "a existência de Deus como uma hipótese científica como qualquer outra", os entusiastas do ateísmo militante revelam uma falta de tino e uma inépcia ante as demandas espirituais do ser humano que não fica em nada a dever à fé ingênua da maioria dos crentes e devotos aos quais se opõem. Crer ou não em Deus não é um simples ato de vontade como abrir ou fechar a janela, endossar ou não uma "opinião", assim como aceitar ou descartar a Sua existência jamais será decidido com base em critérios de validação lógica ou empírica. Imaginar o contrário seria como supor que alguém dilacerado por um amor fracassado pudesse reencontrar a paz mediante uma hipótese explanatória ou um raciocínio lógico. Uma concepção intransigentemente científica da vida é uma das construções mais bizarras de que a mente humana é capaz; ela equivale a uma interpretação da realidade da música limitada à análise minuciosa dos efeitos das ondas sonoras sobre a fiação neural do ouvinte — e nada mais. A música, como a natureza a que pertencemos, sugere *o que na música não está*. Quem jamais foi tocado pela "febre de Além" nada compreende do delírio de Deus. Religião por religião — a parada não é fácil —, *a ciência como religião* dos ateus militantes é séria candidata ao título de obtusa-mor das religiões.

32

In God we trust. — Está ainda por ser escrita uma história dos usos e abusos do vocábulo "Deus" nas culturas monoteístas. Ao que já não se prestou — e se vem prestando — a feitiçaria evocatória do Seu santo nome? Constantino, o primeiro imperador romano a se converter à fé cristã no século III d.C., ordenou aos soldados que pintassem um símbolo composto dos caracteres gregos "chi" e "rho" — as duas letras iniciais do termo grego "Christos" — em seus escudos protetores antes da batalha que lhe permitiu unificar o domínio do império no ano 312. O general-ditador puritano inglês Oliver Cromwell transformou a fé em Deus num valioso critério de recrutamento ao constatar, com base em sua prática militar, que "o soldado que reza melhor, combate melhor". A fivela metálica do cinturão dos soldados da Wehrmacht nazista alemã trazia a inscrição: *Gott mit uns* ("Deus está conosco"). Já os americanos, sempre adeptos de uma visão mais prática das coisas, elegeram as suas moedas e notas de dólares como veículo de louvor ao ser divino: *In God we trust* ("Em Deus confiamos"). Se é verdade que só o uso estabelece o real significado das palavras, o que devemos pensar diante do Deus-pau-para-toda-obra?

33

Uma página de Emerson. — "Em nossas grandes cidades a população não tem deus, está materializada — sem vínculo, sem companheirismo, sem entusiasmo. Não são homens, mas fomes, sedes, febres e apetites ambulantes. Como tais pessoas conseguem seguir vivendo — completamente desprovidas de objetivos? Depois que seus ganhos de milho de pipoca foram feitos, parece que apenas o cálcio em seus ossos as mantêm de pé, e não algum propósito mais valioso. Nenhuma fé no universo intelectual e moral. Fé, isto sim, na química, na carne e no vinho, na riqueza, na maquinaria, na máquina a vapor; fé em baterias galvanizadas, turbinas rotativas, máquinas de costura; fé na opinião pública, mas não em causas divinas. Uma revolução silenciosa afrouxou a tensão das antigas seitas religiosas e, no lugar da gravidade e permanência daquelas sociedades de crenças, as pessoas se entregam ao capricho e extravagância. [...] A arquitetura, a música, a reza partilham da insanidade: as artes afundam nos truques e convites ao devaneio. [...] Haveria maior prova de ceticismo do que a baixa estima com que são contemplados os mais elevados dons mentais e morais?" — E imaginar que essas linhas foram escritas em 1860, no tempo dos daguerreótipos, cartas manuscritas e cabriolés, quando o espetáculo de bits e fúria, fast-food e narcose, smartphones e insânia mal se fizera anunciar...

Segunda parte

Assimetrias. — A verdade precisa ser perseguida; o erro nos persegue. Mentir para os outros exige a máxima atenção; mentir para si mesmo presume driblar a atenção. A astúcia calculista é diabólica; a espontaneidade, divina. A preguiça é ladeira abaixo; a ginástica, ladeira acima. A derrota educa; o poder corrompe. Acordar cedo é um ato de vontade; adormecer é se deixar levar. Na tentação caímos; ao dever nos soerguemos. O pecado comete-se; a obrigação cumpre-se.

Ciência e mercado. — A ciência moderna e a economia de mercado figuram, sem o menor favor, entre as mais notáveis e fecundas realizações humanas. A civilização europeia oriunda do Renascimento é inconcebível sem elas; a Revolução Científica do século XVII e a Revolução Industrial do século XVIII foram apenas o prelúdio singelo do que viria em seguida — a revolução permanente dos últimos três séculos. Ciência e mercado são apostas na liberdade: liberdade balizada por padrões impessoais de argumentação e validação de teorias no primeiro caso; e por regras que fixam os marcos dentro dos quais a busca do ganho econômico por parte das pessoas é livre, no segundo. Por mais brilhantes, entretanto, que sejam suas inegáveis conquistas, é preciso ter uma visão clara do que podemos esperar que façam ou não por nós: assim como a ciência jamais aplacará a nossa fome de sentido, o mercado nada nos diz sobre a ética

— como usar a nossa liberdade e o que fazer de nossas vidas. O sistema de mercado — baseado na propriedade privada, nas trocas voluntárias e na formação de preços por meio de um processo competitivo reconhecidamente imperfeito — define um conjunto de *regras de convivência* na vida prática. Ele é um mecanismo de coordenação e ajuste recíproco de nossas decisões descentralizadas de produção, distribuição e consumo. A regra de ouro do mercado estabelece que a recompensa material dos seus participantes corresponderá ao valor monetário que os demais estiverem voluntariamente dispostos a atribuir ao resultado de suas atividades: a remuneração de cada um, portanto, não depende da intensidade dos seus desejos de consumo, do seu mérito moral ou estético, do civismo de suas ações ou do capricho da autoridade estatal. Dependerá tão somente da disposição dos consumidores em pagar, com parte do ganho do seu próprio trabalho, para ter acesso aos bens e serviços que o outro oferece. Mas o mercado não decide, em nome dos que nele atuam, os resultados finais da interação; isso dependerá sobretudo dos valores e das escolhas das pessoas. Assim como, na linguagem comum, a gramática não determina o teor das mensagens, mas apenas as regras das trocas verbais, também o mercado não estabelece de antemão o que será feito e escolhido pelos que dele participam, mas apenas as normas dentro das quais isso será feito. O mercado tem méritos e defeitos, mas ele não tem o dom de transformar os seres humanos em anjos ou libertinos, Santas Teresas ou Genghis Khans. O que ele faz é registrar, processar e refletir o que as pessoas são. Se a mensagem ofende, a culpa não é do mensageiro.

36

Valor e preço. — Qual a diferença entre um cínico e um sentimental? Oscar Wilde responde: o cínico é aquele que sabe o preço de tudo, mas não conhece o valor de nada; o sentimental vê um absurdo valor em tudo, mas não sabe o preço de nada. Adam Smith, o pai da moderna teoria econômica, certamente sabia o preço das coisas, mas nem por isso ignorou a incapacidade do mercado em determinar, em muitos casos, o real valor das nossas obras e atividades. Para uma pessoa de boa formação, ele argumentou: "a aprovação judiciosa e ponderada de um único sábio proporciona mais satisfação sincera do que todos os ruidosos aplausos de dez mil admiradores ignorantes, ainda que entusiásticos". A diferença, contudo, como não só o cínico mas também o sentimental por fim se dão conta, é que a opinião do sábio não paga as contas no final do mês. Já o ruidoso aplauso...

37

Roleta-russa com o planeta. — Gentileza gera gentileza; violência gera violência. Com a natureza não é diferente. Quem deseja ou defende a devastação do meio ambiente? E, não obstante, ela se tornou o fato capital do nosso tempo. Como um sonâmbulo ecocida, a humanidade está realizando um gigantesco, temerário e quase certamente irreversível experimento no único lar que possui — a biosfera. No intervalo de apenas cinco ou seis gerações desde a Primeira Revolução Industrial — uma fração minúscula da nossa existência como espécie — a natureza vem sendo submetida a uma agressão cega e desmedida: a área coberta por florestas foi reduzida a um terço do total existente em 1700; cerca de 87% dos oceanos estão superexplorados ou exauridos (eram menos de 10% nesse estado em 1900); a calota polar do hemisfério Norte tem perdido 475 bilhões de toneladas de massa anualmente em média; o ritmo atual do desaparecimento de espécies vivas é o maior desde a extinção dos dinossauros há 65 milhões de anos. Mas o mais preocupante vetor de mudança — em parte causa e, em menor grau, efeito dos fenômenos descritos — é o aquecimento provocado pelo acúmulo de gases de efeito estufa na atmosfera. O aumento de 0,85°C da temperatura média global desde o início da era industrial é um fato estabelecido; em maio de 2013, a concentração de CO_2 na atmosfera ultrapassou (possivelmente pela primeira vez em 4,5 milhões de anos) a marca de quatrocentas partes por milhão — e o futuro? Qualquer previsão está cercada de incertezas: as ações humanas dependem das escolhas futuras e o clima é um sistema de alta complexidade regido por um número extraordinário de variáveis que interagem, às vezes de forma caprichosa, entre si. Duas incógnitas desafiam a ciência do clima: estimar a magnitude do impacto de um aumento na emissão de gases sobre a temperatura global e prever os efeitos específicos de uma elevação da temperatura sobre os diferentes ecossistemas do planeta. Supondo que a emissão de gases venha a dobrar nas próximas décadas — um cenário plausível na trajetória vigente do "*business as usual*" —, os melhores modelos estimam que a probabilidade de o aumento de temperatura superar 4,5°C é de 17%; essa contingência, por sua vez, teria como efeitos prováveis a desertificação da Amazônia, a devastação de cidades litorâneas, a submersão de grande parte de Bangladesh e o colapso da agricultura mundial, entre outras catástrofes. Seis culatras, uma bala no tambor: por uma peculiar coincidência, a chance de que algo assim ocorra com o nosso planeta é justamente aquela de alguém estourar os miolos ao praticar roleta-russa.

38

Air-conditioned nightmare. — Tecnologia é a resposta, mas qual é a questão? O caso do ar-condicionado é ilustrativo. O que era um luxo restrito, virou artigo de uso comum. Graças ao aumento da renda das famílias, ao barateamento dos aparelhos e à maior eficiência energética dos compressores, a proporção de domicílios americanos dotados de condicionadores de ar passou de 20% em 1960 para 85% hoje em dia (a maior parte deles com sistema central). Mas, como ficou muito mais em conta ter e usar, o resultado foi a explosão do consumo — e desperdício — de energia: a eletricidade usada atualmente só para alimentar os aparelhos de ar condicionado nos lares ianques equivale ao consumo americano *total* de meio século atrás; os Estados Unidos gastam mais energia elétrica com essa única finalidade do que o continente africano *para todos os fins*. — A febre, ao que parece, é contagiosa: enquanto a China precisou de uma década para triplicar o uso de condicionadores de ar — a compra do equipamento é subsidiada pelo governo —, a previsão é que a Índia multiplique por dez o número de aparelhos entre 2005 e 2020. E, assim, a imagem cunhada pelo dramaturgo americano Henry Miller ao retratar o deserto espiritual dos seus afluentes conterrâneos — "um pesadelo com ar-condicionado" — salta as fronteiras da América para assaltar o mundo.

39

Ardil da desrazão. — Imagine uma pessoa afivelada a uma cama com eletrodos colados em suas têmporas. Ao se girar um botão situado em local distante, a corrente elétrica nos eletrodos aumenta em grau infinitesimal, de modo que o paciente não chegue a sentir. Um hambúrguer gratuito é então ofertado a quem girar o botão. Ocorre, porém, que, quando milhares de pessoas fazem isso — sem que cada uma saiba das ações das demais —, a descarga elétrica gerada é suficiente para eletrocutar a vítima. Quem é responsável pelo quê? Algo tenebroso foi feito, mas de quem é a culpa? O efeito isolado de cada giro do botão é, por definição, imperceptível — são todos "torturadores inofensivos". Mas o efeito conjunto é ofensivo ao extremo. Até que ponto a somatória de ínfimas partículas de culpa se acumula numa gigantesca dívida moral coletiva? — O experimento mental concebido pelo filósofo britânico Derek Parfit dá o que pensar. A mudança climática em curso equivale a uma espécie de eletrocussão da biosfera. Quem a deseja? A quem interessa? O ardil da desrazão vira do avesso a "mão invisível" da economia clássica. O aquecimento global é fruto da alquimia perversa de incontáveis ações humanas, mas não resulta de nenhuma intenção humana. E quem assume — ou deveria assumir — a culpa por ele? Os 7 bilhões de habitantes da Terra pertencem a três grupos: o primeiro bilhão, no cobiçado topo da escala de consumo, responde por 50% das emissões de gases-estufa; os 3 bilhões seguintes por 45%; e os 3 bilhões na base da pirâmide (metade sem acesso a eletricidade) por 5%. Por seu modo de vida, situação geográfica e vulnerabilidade material, este último grupo — o único inocente — é o mais tragicamente afetado pelo "giro de botão" dos demais.

40

A idolatria do PIB. — O PIB é invenção recente. A ideia de medir a variação do valor monetário dos bens e serviços produzidos a cada ano surgiu no período entreguerras, mas foi só em meados do século passado que os órgãos oficiais passaram a calcular e publicar dados de PIB para os diferentes países. Nenhum dos grandes economistas clássicos — Smith, Ricardo, Malthus, Marx ou Mill — jamais foi instado a prever o PIB do ano ou trimestre seguintes. O culto do PIB como métrica de sucesso das nações tornou-se uma espécie de religião do nosso tempo. O crescimento é a meta suprema em nome da qual governos são eleitos ou rejeitados nas urnas, e um antropólogo marciano poderia supor que o acrônimo PIB nomeia a nossa divindade-mor na vida pública enquanto o afã de consumo preenche o vazio da existência na esfera privada. — Mas o que exatamente está sendo medido? Imagine uma comunidade na qual a água potável é um bem livre e desfrutado por todos com a mesma facilidade com que obtemos o ar que respiramos; suponha, no entanto, que as fontes de água foram poluídas e agora se tornou necessário purificá-la, engarrafá-la e distribuí-la, de modo que todos precisam trabalhar um pouco mais a fim de comprá-la no mercado — o que acontece com o PIB dessa comunidade? O erro não é de magnitude, mas de *sinal*: as pessoas empobreceram, ao passo que o PIB total e o PIB per capita *subiram*. Daí que: se eu moro perto do meu local de trabalho e posso caminhar até ele, o PIB nada registra; mas, se preciso tomar uma condução e pagar o bilhete (sem falar no tempo encalacrado no trânsito), ele sobe. Se eu gosto do que faço, embora ganhando menos do que poderia, e passo a trabalhar sem a menor alegria para um mundo caduco, mas recebendo um aumento por isso, o PIB sobe. O PIB, em suma, mede o valor monetário dos bens e serviços que transitam pelo sistema de preços — e nada mais. E, quando se tornar inevitável portar garrafinhas de oxigênio na cintura a fim de seguir respirando, o PIB subirá de novo.

41

Progresso. — Outrora eram as feras, os relâmpagos, os sonhos medonhos e a ira dos deuses que assombravam o espírito dos homens; agora, em contraste, é o medo do latrocínio, do *crash* financeiro, dos distúrbios mentais e do colapso ambiental que nos acossa. Naquela época, as pessoas às vezes ingeriam veneno por ignorância; hoje em dia, melhor equipadas e interconectadas, elas se envenenam umas às outras. No passado, a ignorância e a penúria; agora o absurdo e a abundância nos destroem. Em sociedade ou a sós consigo, o homem tornou-se o pior inimigo do homem.

42

Os dois caminhos da felicidade. — "Nascer é uma desgraça, viver é doloroso, morrer é uma dificuldade", sentencia São Bernardo: nada tão desolador, talvez, se você goza de uma fé inabalável na bem-aventurança eterna após a morte, mas deveras sombrio de outro modo. — Por que sofrem os homens? Da dor física à *malaise* existencial, as fontes do mal-estar humano variam ao infinito. Mas todas elas, ao fim e ao cabo, remontam à mesma causa primária: todo sofrimento humano resulta de uma incongruência entre a nossa vontade e desejos, de um lado, e o estado do mundo e o curso dos acontecimentos que nos afetam, de outro. Como lidar com o fosso entre desejo e realidade? Com o desacordo entre aspirações e obstáculos? Existem dois caminhos capazes de reduzir ou anular essa discrepância. O primeiro é interno à própria pessoa: *adaptar-se* e moldar a nossa vontade e desejos às coisas tais como são; o outro é *agir* sobre o mundo: mudar a realidade e intervir no curso das coisas de modo a que se adéquem aos nossos desejos. Na prática, é claro, não se trata de uma escolha cabal de um *ou* outro, mas da tônica dominante: o que prevalece é sempre uma combinação, em doses e proporções variáveis, de ambos os caminhos. Mas na diferença entre essas duas estratégias polares é possível, grosso modo, discernir o fundamental contraste entre as culturas tradicionais do Oriente e a moderna civilização ocidental. — Ao caminho da adaptação ao mundo corresponde o ideal da *felicidade da quietude*, cujas expressões emblemáticas são o nirvana budista e a ataraxia estoica: o estado de paz e imperturbabilidade da alma que, liberta de todo sofrimento e de todo desejo, nada no universo é capaz de abalar. Ao caminho do agir sobre o mundo corresponde o ideal da *felicidade da conquista*: o projeto faustiano — "no princípio era a ação" — de transformar a realidade e dominar a natureza por meio da aplicação sistemática do saber científico e tecnológico, tendo como ideal de vida, na memorável fórmula de Hobbes, "o progresso contínuo do desejo de um objeto para outro, a obtenção do primeiro sendo ainda apenas o caminho para o seguinte [...] o desejo perpétuo e sem trégua de poder seguido de poder, que cessa apenas com a morte". Se a pretensão humana ao saber levou à consciência da morte e à expulsão do paraíso, como propõe o mito judaico-cristão do Gênesis, a criatura feita à imagem e semelhança do Criador não desiste: ela interroga a natureza com as armas da astúcia científica; projeta o Éden reconquistado por meio do progresso tecnológico; prolonga a longevidade a qualquer custo; e se afirma como o novo deus sobre a Terra. Eis aí, talvez, o estranho e tortuoso caminho de uma aspiração à imortalidade, porém secularizada e privada de ancoradouro na fé em Deus: carente dos prazeres da emoção religiosa e órfã da crença na salvação eterna em outra vida.

43

Império reverso. — O filósofo grego Diógenes fez da autossuficiência e do controle das paixões os valores centrais de sua vida: um casaco, uma mochila e uma cisterna de argila no interior da qual pernoitava eram suas únicas posses. Intrigado com relatos sobre essa estranha figura, o imperador Alexandre Magno resolveu conferir de perto. Foi até ele e propôs: "Sou o homem mais poderoso do mundo, peça-me o que desejar e lhe atenderei". Diógenes agradeceu a gentileza e não titubeou: "O senhor teria a delicadeza de afastar-se um pouco? Sua sombra está bloqueando o meu banho de sol". O filósofo e o imperador são casos extremos, mas ambos ilustram a tese socrática de que, entre os mortais, o mais próximo dos deuses em felicidade é aquele que de menor número de coisas carece. Alexandre, ex-pupilo e depois mecenas de Aristóteles, aprendeu a lição. Quando um cortesão zombou do morador da cisterna por ter "desperdiçado" a oferta que lhe caíra do céu, o imperador rebateu: "Pois saiba então você que, se eu não fosse Alexandre, eu teria desejado ser Diógenes". Os extremos se tocam. — "Querei só o que podeis", pondera o padre Antônio Vieira, "e sereis omnipotentes."

44

O berço de uma utopia. — A ciência almeja o conhecimento; a tecnologia visa o controle. Embora intimamente ligadas hoje em dia, ciência e tecnologia tiveram vidas paralelas durante a maior parte de sua história. Os gregos antigos jamais se empenharam em tirar proveito técnico ou econômico de sua sofisticadíssima ciência, ao passo que os romanos, célebres por suas realizações urbanas, estradas e aparato bélico, quase nada fizeram pela ciência. As principais inovações técnicas da Idade Média e Renascimento — como os moinhos, a roda hidráulica, a impressora, o relógio e a bússola — foram frequentemente o resultado de encontros com outras civilizações durante as Cruzadas e ocorreram todas elas antes do início da Revolução Científica do século XVII. As leis da termodinâmica que explicam o modus operandi da máquina a vapor — o fulcro da Primeira Revolução Industrial — só foram descobertas décadas depois da invenção desta por James Watt no final do século XVIII; de igual modo, nenhuma das máquinas e técnicas que deram origem à era industrial na siderurgia, mineração e indústria têxtil dependeu de conhecimento científico prévio — foram todas fruto da perseverança e da sagacidade prática de artesãos e inventores com tino para solucionar problemas. Foi somente a partir do último quarto do século XIX, durante a Segunda Revolução Industrial, que a ciência passou efetivamente a produzir resultados passíveis de incorporação ao mundo do trabalho e a ditar os rumos da mudança tecnológica, primeiro no uso da eletricidade e na indústria química, e depois se espraiando por todo o tecido socioeconômico em setores como comunicações, novos materiais, transportes, remédios, eletrodomésticos e indústria bélica. Na paz e na guerra — vide Hiroshima e Nagasaki — o século XX selou a união. — Mas, se o casamento entre ciência e tecnologia é um tanto recente, o sonho dessa união remonta ao nascimento do mundo moderno. Foi no Renascimento europeu, sob o impacto do renovado interesse pelo saber greco-romano e, sobretudo, da descoberta do Novo Mundo, que surgiu a concepção da *ciência como poder*: obedecer à natureza *na investigação* visando submetê-la à nossa vontade *na ação*. O norte da ciência propugnada por Francis Bacon mirava o êxito das navegações ultramarinas — "agora que os amplos espaços do globo material, as terras e os mares, foram sondados e explorados, seria lamentável para nós se as fronteiras do globo intelectual se limitassem às acanhadas descobertas dos antigos" — e tinha como porto de chegada a melhora da condição humana: "restaurar e exaltar o poder e o domínio do próprio homem, da raça humana, sobre o universo". Giordano Bruno, naquela que é talvez a mais radical expressão do sonho renascentista da ciência a serviço da técnica, foi além: "Os deuses deram aos homens a inteligência e as mãos, e os fizeram à sua imagem, dotando-os de uma aptidão superior à dos outros animais; essa aptidão consiste não só no poder de trabalhar de acordo com a natureza e o curso normal das coisas, mas além disso, e exteriormente às suas leis, com o intuito de fabricar com sua inteligência outras naturezas, outros cursos, outras ordens, com aquela liberdade sem a qual sua semelhança com a divindade não existiria, a fim de que possa afinal fazer-se deus da Terra". Se os colonizadores europeus, movidos pela visão do paraíso, buscavam reencontrá-lo ou recriá-lo nas terras do Novo Mundo, a utopia renascentista — consubstanciada na Nova Atlantis baconiana — prometia fazer da ciência regenerada e aplicada à dominação da natureza o passaporte de um Éden reconquistado. Rumo ao ocidente no espaço e ao futuro no tempo: os frutos dessa dupla aventura são o nosso legado. O que hoje somos, ontem era apenas sonhado.

45

Onde mora o perigo? — Um bando de aventureiros e desbravadores enfiado mata adentro chegou a uma ponte sobre um caudaloso rio a qual encurtaria enormemente o trajeto de retorno ao acampamento. Como a ponte, suspensa por cipós, era bamba, desconjuntada e perigosa ao extremo, eles não pouparam esforços em adotar todo tipo de cuidados e precauções, como cordas de segurança e redes protetoras, antes de atravessá-la. Ao aportarem, contudo, na outra margem, um jaguar faminto aguardava paciente a hora e a vez de devorá-los.

46

Falácia da indução. — O granjeiro que por meses a fio veio pontualmente dar de comer à galinha, um belo dia torceu-lhe o pescoço.

47

Em defesa dos profetas. — Todo ofício encerra um risco ocupacional. No caso dos profetas e líderes do pensamento o grande risco — quase uma fatalidade — é a deturpação das suas ideias e mensagens; e isso nem sempre de modo deliberado pelos inimigos e detratores, mas, sobretudo, de forma espontânea e inadvertida pelos seus seguidores. Nietzsche defendeu (com razão) o profeta fundador do cristianismo: "No fundo, houve apenas um cristão, e ele morreu na cruz"; Thomas Macaulay defendeu o profeta da ciência a serviço da tecnologia: "O mundo almejado por ele [Francis Bacon] não era, como alguns parecem supor, um mundo de rodas hidráulicas, teares mecânicos, vagões a vapor, sensualistas e canalhas; ele estaria tão pronto quanto o próprio Zeno a sustentar que nenhum grau de conforto corporal que se pudesse alcançar pelo engenho e trabalho de uma centena de gerações traria felicidade a um homem cuja mente estivesse tiranizada pelo apetite licencioso, a inveja, o ódio ou o medo"; Bertrand Russell defendeu o profeta da democracia igualitária: "O *Contrato social* [de Rousseau] se tornou a bíblia da maioria dos líderes na Revolução Francesa, mas, sem dúvida, como é o destino das bíblias, ele não foi cuidadosamente lido e foi menos ainda compreendido por muitos dos seus discípulos"; Alfred Marshall defendeu o profeta do livre mercado: "Adam Smith seria a última pessoa no mundo a pensar que a riqueza é o objetivo da vida humana, a última pessoa a supor que os ideais de uma vida elevada devessem ser subordinados ao crescimento da riqueza material por qualquer indivíduo ou nação que se autorrespeita". — A galeria de exemplos poderia estender-se *ad nauseam* — a disputa encarniçada pelos espólios de Marx, Freud e Keynes ocuparia sozinha vastíssimas bibliotecas —, mas pouco acrescentaria ao ponto central: nenhum autor fixa a interpretação ou controla o uso das suas ideias. Um grande pensador ou profeta é alguém que, quase por definição, dirá tudo aquilo que os seus adeptos desejam — ou precisam — ouvir dele. Se é verdade que "as ideias governam o mundo", cabe então perguntar:

quem governa as ideias? "A fama é a quintessência dos mal-entendidos que se juntam a um nome."

48

Pingue-pongue. — Quando Mahatma Gandhi desembarcou no porto de Southampton, no sul da Inglaterra, em 1931, a fim de participar de uma conferência sobre o futuro da Índia, um jornalista teria perguntado a ele: "O que o senhor acha da civilização ocidental?". E o líder indiano respondeu: "Acho que seria uma boa ideia".

49

O ético e o prazeroso. — Nem sempre o desejável é o desejado. Qual é a natureza da relação entre o que é certo, do ponto de vista ético, e o que é prazeroso do ponto de vista pessoal — entre o *bem* e o *bom*? É o bem porque é bom — diz o hedonista. É bom porque é o bem — rebate o idealista. Viver no bem-bom é o bem — gaba o cínico. Vencer o jugo do bom é o maior bem — retruca o asceta. Bem não há e o bom não paga a pena — lastima o niilista. O bem é soberano, o bom seu súdito — celebra o entusiasta. O bem é a vontade divina e o bom é a graça alcançada — prega o devoto. O bem é inescrutável e o bom ilude — arremata o cético. (E tudo como se as impermanências e ânimos cambiantes de uma vida, com suas surpresas e contradições, coubessem na limpidez de um enunciado ético ou na tubagem dos princípios.)

50

A última palavra. — Quem dá a última palavra? A viga mestra do liberalismo político e econômico é a noção de que o indivíduo deve ser livre e soberano em suas escolhas: "a única razão pela qual algum poder pode justificadamente ser exercido sobre qualquer membro de uma comunidade civilizada contra a vontade deste é a prevenção de malefício a outros; o seu próprio bem, seja físico ou moral, não é justificação suficiente". Definido o marco legal que fixa o que é permitido ou proibido, obrigatório ou facultativo, a pessoa é livre para fazer de sua vida o que bem entende: carola ou ateia, empreendedora ou acomodada, libertina ou asceta, isto pela manhã e aquilo à noite, ou nada disso mas simplesmente um deus que no baixar à Terra preferiu o simples disfarce de professor universitário, cada um responde por si — ninguém tem o direito de forçá-la a ser feliz de um ou de outro modo ou ditar seus sonhos e necessidades. As escolhas individuais, portanto, têm *a última palavra.* — Ocorre, contudo, que essa resposta representa ela própria uma escolha e, mais que isso, um ponto de vista que reivindica para si o direito de ter e dar a última palavra. A pergunta, desse modo, se repõe: as escolhas individuais devem ter a última palavra? Dois argumentos substantivos questionam a legitimidade do ponto de vista liberal. O primeiro é tomar como *dado* o que na verdade é *socialmente produzido.* O liberalismo parte dos indivíduos como eles são, mas nunca se indaga: as pessoas são como são *porque são assim* ou porque *ficaram assim*? Os desejos e as necessidades de cada um devem ser vistos como as causas do que nos acontece por meio das escolhas e ações que eles determinam ou, antes, como os efeitos, em nós, do que nos aconteceu — de nossa formação e condicionamento social? Estima-se que um cidadão americano, para dar um só exemplo, sofre o estímulo de 3 mil peças publicitárias por dia em média (o sonho noturno, ao que parece, é a última fronteira do merchandising). Será descabido supor que o "consumidor soberano" talvez não seja soberano em relação ao que ele acredita desejar e necessitar? Que ele afinal não seja a melhor autoridade no tocante às suas reais carências e interesses, e que possa, enfim, estar enganado em sua concepção de felicidade? O segundo argumento remete ao risco de uma falácia da composição: nem sempre o que é melhor do ponto de vista de cada uma das partes isoladamente redunda em algo que seja individual e coletivamente desejável. A combinação de uma miríade de ações e escolhas individuais prima facie inofensivas pode gerar resultados agregados que se abatem sobre todos com a violência de uma fatalidade, como no exemplo da mudança climática em curso. Quando esse é o caso, a interação nos marcos de um sistema em que as escolhas individuais têm a última palavra arrasta a todos indistintamente para onde ninguém quer ir: as últimas palavras das partes compõem a sentença derradeira — e fatal — do todo a que pertencem.

51

30 de abril de 1986. — Reta final do doutorado, prazos impossíveis. A caminho do St. John's College na cinzenta manhã de Cambridge faço uma breve pausa diante da banca de jornais, como de costume, para um correr de olhos nas manchetes do dia. O acidente de Chernobyl domina as primeiras páginas, mas é a manchete principal do *Financial Times* que fere a minha atenção: "*Soviet nuclear fire out of control as Moscow seeks help*". Sob o efeito do choque repentino, por um instante apenas hesito se devo ou não comprar imediatamente o jornal, pois sei que, se ceder ao impulso e levá-lo comigo, lá se foram horas preciosas — lerei tudo a respeito e o que mais vier —, quem sabe toda uma manhã de trabalho (a internet não existia naquele tempo). Opto pela negativa. As rédeas da rotina e do dever seguem no comando: os papers e livros não lidos sobre a mesa de estudo não voltarão a me acusar com sua mirada incriminadora. "Não posso me dar ao luxo de ficar preocupado com vazamentos radioativos, ainda por cima na Ucrânia", reflito, enquanto subo as escadas de acesso a minha sala no *college*, "a catástrofe que espere o meu *lunch break*."

52

A pedagogia da dor. — Existe um gradiente do acreditar. A *certeza* é o grau máximo no eixo da confiança depositada em determinada crença; o *incredível* é o grau mínimo. Do que podemos ter certeza? A rigor, de quase nada. As verdades analíticas, como o teorema de Pitágoras ou as construções da lógica pura, podem ser demonstradas, mas dizem-nos muito pouco sobre o mundo real; as verdades contingentes, como as crenças de que o mundo não foi criado há apenas 6 mil anos e o sol nascerá amanhã, servem-nos de guia para a vida prática, mas não podem ser demonstradas. É altamente provável que chegue um dia — o último — em que o sol frustre o raciocínio indutivo e não surja em nosso horizonte. — Desde que o mundo é mundo, como atestam os mais antigos relatos, eventos climáticos extremos (secas prolongadas, ondas de calor, tempestades severas e inundações) fazem parte da vida humana. A novidade é a frequência com que eles vêm se repetindo: desde o início dos anos 1980, o número anual de tempestades no planeta mais que dobrou e o de ondas de calor e inundações mais que triplicou; as inundações na Ásia passaram de cerca de cinquenta por década em 1950 para setecentas atualmente, enquanto os megaincêndios subiram de cerca de dois para 88 por década nas Américas no mesmo período. O que o aquecimento global resultante da ação humana tem a ver com isso? A mesma impossibilidade de provar com total certeza que o tabagismo foi a causa do câncer de pulmão de um fumante inveterado — ele pode ser fruto de outros fatores — se aplica ao aquecimento global: estamos aqui no terreno das probabilidades e não das certezas. A elaboração de modelos regionais de clima, capazes de esquadrinhar os determinantes de fenômenos climáticos em áreas restritas (25 km^2), permite estimar o aumento da chance de ocorrência de eventos extremos devido à mudança climática. Os resultados até aqui obtidos sugerem que o impacto do aquecimento global tende a ser mais forte na ocorrência de ondas de calor — como o "verão feroz" que atingiu a Europa em 2003 causando cerca de 70 mil mortes prematuras, principalmente entre idosos — do que no caso de secas e tempestades. As evidências indicam ainda que o risco de eventos extremos tende a crescer exponencialmente à medida que a temperatura do planeta sobe: se o aquecimento global for de 2°C, em vez de 1,5°C, a probabilidade de ocorrência de extremos de calor torna-se duas vezes maior. — Existem moléstias que, no seu início, são difíceis de diagnosticar mas fáceis de curar; depois que se alastram, todavia, elas se tornam fáceis de diagnosticar, mas a cura é exorbitantemente onerosa. As causas e implicações da mudança climática, é certo, estão cercadas de incertezas; mas a gravidade das ameaças deveria incutir o princípio da máxima prudência. Um eventual colapso, por exemplo, do cada vez mais errático regime hidrológico da monção no Sul e no Sudeste da Ásia pode arruinar a produção agrícola da qual depende a subsistência de um quinto da população mundial. A fera do clima está sendo atiçada. As evidências se multiplicam; o estado de negação e inação persiste. "Só pelo sofrimento o homem aprende", vaticinou Ésquilo. Estaremos condenados ao sombrio prognóstico?

53

Autópsia de utopia. — Robespierre leitor de Rousseau; Stálin leitor de Marx; Hitler leitor de Nietzsche; Nixon leitor de Friedman: o mau entendimento espontâneo das ideias é possivelmente uma força ainda mais poderosa no curso da história do que as próprias ideias. Seria factualmente equivocado e eticamente injusto imputar aos pais da filosofia moderna a responsabilidade pelo legado de devastação ambiental associado à expansão da civilização ocidental nos últimos três séculos. O sonho de subjugar a natureza com a força da própria natureza, visando o resgate da condição humana e a construção de uma civilização humanística, não implica o delírio prometeico de uma atitude despótica de dominação da natureza por meio de uma vontade ordenadora, assim como a descoberta da genética pelo monge austríaco Mendel não implica a tenebrosa barbárie do seu uso prático nos campos de concentração nazistas. Isso não nos impede, porém, de submeter o ideal de progresso da filosofia moderna a um exame crítico, tomando-o não como *causa* dos nossos problemas e impasses, mas como *expressão* privilegiada do espírito e, sobretudo, das ilusões de uma era.

— Embora com raízes na Antiguidade e presságios no Renascimento europeu, foi somente no século XVII que a crença no progresso — a ideia de que a passagem do tempo traria a melhoria contínua da condição e bem-estar humanos graças à aplicação da ciência ao domínio da natureza — ganhou contornos bem definidos. Apesar de suas divergências, sobre esse ponto o empirismo baconiano e o racionalismo cartesiano estavam em perfeito uníssono. Na utopia concebida por Bacon na *Nova Atlantis*, a missão precípua do colegiado científico encarregado do governo da ilha — a Casa de Salomão — consistia na promoção "do conhecimento das causas e das operações secretas das coisas, e no alargamento das fronteiras do império humano, tendo em vista a realização de todas as coisas possíveis". Descartes, por sua vez, no *Discurso sobre o método*, propõe-se como objetivo "descobrir uma filosofia prática em que, por meio do conhecimento da força e da ação do fogo, da água e do ar, assim como das estrelas, dos céus e de todos os demais corpos que nos circundam [...] possamos utilizá-los para todos os fins aos quais se adaptam, a fim de que assim nos tornemos os senhores e possuidores da natureza". — Movidos por uma confiança quase irrestrita na aptidão humana de moldar a natureza em benefício da própria humanidade, Bacon e Descartes ousaram sonhar o que jamais se havia imaginado. A nova e radical postura perante a relação *homem*-natureza (o viés de gênero, aqui, justifica-se) inaugurou uma era de conquistas e avanços de fabuloso alcance; mas o tempo se encarregou de trazer à luz a dimensão funesta e os vícios da empresa. Se "conhecimento é poder", como na fórmula baconiana, o exercício desse poder divorciado da ética, da visão de longo prazo e do senso de limites revelou-se uma receita para a degradação ecológica. Reduzido a uma existência puramente utilitária e instrumental, o mundo natural passou a ser tratado como mera potencialidade capaz de suprir desejos e caprichos humanos. A fantasia de controle e assenhoreamento irrestritos de uma natureza dócil e maleável aos nossos desígnios — uma "natureza-cera" como na metafísica cartesiana — redundou precisamente no seu oposto: o risco aterrador de um grave descontrole, com terríveis consequências para as bases naturais da vida e o bem-estar humano. Que o mundo ocidental haja levado tanto tempo — e relute ainda em fazê-lo — para se dar conta de que a arrogância científico-tecnológica na exploração da natureza nos condena a uma intolerável degradação do ambiente e a um absurdo risco ecológico ficará talvez como o maior paradoxo de uma civilização que sempre se orgulhou de ter na racionalidade o seu princípio unificador. A devastação e o horror potencial do desfecho iluminam a petulância e a cegueira do sonho utópico de origem.

54

Diálogo interdito, metabolismo aviltado. — Enquanto a ciência moderna cuidava de esvaziar o mundo natural não humano de qualquer vestígio de interioridade subjetiva e dessacralizar a natureza como objeto de investigação, a civilização tecnológica se encarregou de devassá-la, espicaçá-la e profaná-la de infinitas maneiras como objeto de ganho.

55

O devaneio de Fichte e o alerta de Engels. — Até onde pode chegar a fantasia humana de submeter o mundo natural ao seu irrestrito domínio? Ficção científica à parte, seria difícil rivalizar com algumas preciosidades dispersas nos anais da filosofia pós-kantiana alemã. Hegel, por exemplo, postulava em suas aulas de *Naturphilosophie* que "a natureza é, por assim dizer, a noiva desposada pelo espírito", pois, ao abordá-la, "o espírito tem a certeza que teve Adão quando mirou Eva — *isto é carne da minha carne, isto são ossos dos meus ossos*". "O indivíduo", ele afirmou, "não é grande e livre senão na medida em que é grande o seu desprezo da natureza." O exemplo mais cristalino, contudo, ponto extremo da confiança no poder do homem de moldar em benefício próprio o mundo natural, é devido a Fichte. "A natureza", ele antecipou, "deverá tornar-se mais e mais inteligível e transparente, mesmo nos seus mais profundos segredos, e o poder humano, iluminado e armado pela aptidão inventiva, deverá governá-la sem dificuldade"; daí que os fenômenos mais indóceis e refratários do mundo natural, como os terremotos, vulcões e furacões, deveriam ser vistos como "as derradeiras batalhas da matéria rude contra a norma regular, progressiva, viva e sistemática a que ela [a natureza] será compelida a se submeter". Como antevisão do milênio sociotécnico seria difícil pedir mais. — A filosofia da história marxista é em grande medida tributária da tradição pós-kantiana alemã em seu modo de conceber a relação homem-natureza. Quando o jovem Marx encerra sua tese de doutorado coroando "a autoconsciência humana como a única divindade"; ou quando sustenta, já na maturidade, que "até o pensamento criminoso de um delinquente é mais magnífico e mais sublime que as maravilhas do céu", o eco das ideias e fórmulas hegelianas é inconfundível. É no conflito periódico entre as relações sociais de produção, de um lado, e o avanço das forças produtivas que garantem o domínio progressivo do homem sobre a natureza, de outro, que reside, na visão marxista, a chave do enredo no qual os sucessivos modos de produção por fim se descobrem redimidos ou condenados no tribunal da história. A marcha da crescente e inexorável sujeição do mundo natural à vontade humana é o imperativo que governa, em última instância, o desenrolar da luta de classes e do processo histórico: "o enigma da história decifrado". — Não deixa de ser surpreendente, portanto, o pioneirismo do alerta feito por Engels em meio à atmosfera triunfalista do século XIX. Atento aos efeitos imprevistos e indesejados da ação humana sobre o meio ambiente — como nos casos do desmatamento no Mediterrâneo europeu, das moléstias associadas à introdução da batata na Europa e da devastação trazida pela agricultura predatória dos colonizadores espanhóis em Cuba —, o fiel colaborador e mecenas de Marx advertiu: "Não nos congratulemos em demasia, porém, por conta das nossas vitórias sobre a natureza, pois cada uma delas toma sua vingança de nós; cada uma, é verdade, produz num primeiro momento as consequências com as quais contávamos, mas no segundo e terceiro tem efeitos inesperados e muito diferentes, os quais com frequência cancelam o primeiro". A passagem do tempo, é claro, só fez reforçar a pertinência do alerta. No chamado "socialismo real" do antigo bloco soviético não menos que no Ocidente liberal e suas ramificações emergentes, o fio condutor da visão marxista da história — a marcha inexorável do assenhoreamento da natureza pela vontade humana — revelou a sua face oculta: a insuspeita força destrutiva do celebrado avanço das forças produtivas.

56

Graças do sol. — A natureza desconhece a categoria moral do desperdício. A energia despejada gratuitamente sobre a Terra por alguns dias de sol é mais valiosa — em todos os sentidos — do que todo o estoque de petróleo, carvão e urânio existente no mundo. Mas, se as plantas são capazes de tão bem processar a energia do sol — e ainda captam dióxido de carbono e devolvem oxigênio como bônus —, por que nós, humanos, com nossos reatores, turbinas e motores, não? O saber incorporado numa simples folha verde distraída de sua fotossíntese supera largamente em apuro e sofisticação o mais avançado artefato tecnológico.

Plano e mercado. — A economia é parte de um todo. Ela é um subsistema do regime termodinâmico e da biosfera do planeta, mas ela também se insere no universo das escolhas, normas e valores culturalmente gerados: a natureza e a ética balizam o processo econômico. Numa sociedade complexa, baseada na divisão do trabalho, os indivíduos se especializam em determinadas atividades e dependem dos bens e serviços produzidos por terceiros para satisfazer suas necessidades de consumo. Existem quatro perguntas básicas às quais um sistema econômico, seja qual for, precisa oferecer resposta: *o que* será (ou não) produzido; em que *quantidades e proporções* os diferentes bens e serviços serão produzidos; *como* será efetuada a produção; e como se dará a *distribuição* do que foi produzido entre as pessoas. Como o número de produtores e consumidores na sociedade é gigantesco, a grande questão é saber como as decisões tomadas por eles se ajustarão umas às outras, isto é, que tipo de regime disciplinará as suas atividades de tal modo que o resultado conjunto dos seus esforços produtivos seja por fim consistente com suas prioridades de consumo. — O *plano* e o *mercado* são respostas alternativas a essa mesma questão. Numa economia centralmente planejada, tudo é decidido de antemão: uma vez formulado o plano, num processo que pode ser mais ou menos aberto à participação da sociedade, os produtores recebem ordens do órgão planejador definindo as tarefas a serem executadas e detalhando as metas e prazos a serem cumpridos; como nem todos estarão dispostos, talvez, a "cooperar" na execução do plano, o sistema requer uma boa dose de supervisão e vigilância; a internação em "campos de trabalho" ou hospitais psiquiátricos é a sanção extrema que paira sobre aqueles que não se enquadram no esquema. Na economia de mercado, as decisões são descentralizadas e permanentemente refeitas à luz de novas informações: o mecanismo disciplinador é o sistema de preços. Para sobreviver e usufruir a vida, o indivíduo precisa abrir um canal de acesso aos bens e serviços dos quais carece. Ocorre, todavia, que assim como "palavras não pagam dívidas", também suas necessidades e desejos insatisfeitos não compram aquilo de que ele precisa para viver; a maior ou menor intensidade de suas carências de nada valerá para fins práticos caso ele não descubra, em algum lugar, uma demanda recíproca — e disposta a pagar — por algo que ele possua ou possa oferecer. O indivíduo vive sob o imperativo do comando: "se queres obter o que desejas, encontra então o que dar em troca". As sanções extremas que pairam sobre aqueles que, por algum motivo, veem-se incapazes de adquirir poder sobre os bens e serviços produzidos por terceiros, não são a internação psiquiátrica ou laboral — são a mendicância, a privação e a fome (as transferências de renda extramercado via família e/ou Estado do bem-estar foram a saída historicamente encontrada para atenuar os efeitos nefastos dessa lógica). — A surpreendente ordem do mercado, assim como a gramática que rege as trocas verbais nas línguas naturais, não surgiu da criação inspirada de um demiurgo em seu gabinete: ela é o resultado da ação humana, mas não da intenção humana. O plano central, ao contrário, uma espécie de esperanto da economia, é fórmula recente. "A própria ideia de conduzir toda a atividade industrial de um país por meio da direção oriunda de um único centro", observou John Stuart Mill em 1879, "é algo tão obviamente quimérico que ninguém se aventura a propor um modo como isso possa ser feito." Hoje, é claro, sabemos: a ideia do plano foi amplamente testada e o fiasco do experimento superou as piores expectativas. Mas, se o século XX se encarregou, por um lado, de sepultar a quimera de que o planejamento central poderia substituir com vantagem a "anarquia" do mercado, ele trouxe também à tona, por outro, os limites e deficiências do sistema de preços como mediador do metabolismo entre sociedade e natureza. De propriedade emergente do caos, capaz de promover a máxima eficiência e a riqueza das nações, a ordem espontânea do mercado se afigura em nossos dias como cúmplice de uma diversa e ameaçadora forma de caos — a espiral do descontrole ambiental.

58

A falha capital do mercado. — Por que as coisas têm os preços que têm? Por que, digamos, um litro de vodca é mais caro que um litro de leite (mesmo subtraindo-se o peso dos impostos) ou um para-brisa é mais caro que um pneu? Assim como na ação conjunta das lâminas de uma tesoura ao cortar um pedaço de papel, o preço de mercado de um bem ou serviço resulta da atuação simultânea de dois fatores: o custo de produzi-lo, ou seja, do trabalho, capital e insumos empregados na sua feitura; e a maior ou menor disposição dos potenciais compradores em pagar por ele. Isso explica por que muitas coisas belas e úteis, como, por exemplo, peças de artesanato ou espetáculos de dança, deixam de ser produzidas: o seu preço de mercado, isto é, aquilo que os consumidores estariam dispostos a pagar por elas, não alcança um valor suficiente para cobrir os custos envolvidos na sua produção. Sujeita, é claro, às exceções de praxe e às circunstâncias específicas de cada mercado, a somatória dos custos de produção funciona como uma espécie de *centro de gravidade* para o qual os preços dos mais diferentes bens e serviços estão continuamente convergindo. — O mercado regido pelo sistema de preços, como a teoria econômica desde sua origem se empenha em mostrar, é dotado de propriedades benéficas — e mesmo surpreendentes — do ponto de vista da otimização no uso de recursos escassos e do estímulo à inovação e geração de riqueza; daí a famigerada — e não menos abusada e mal compreendida — metáfora da "mão invisível". Ocorre, porém, que, apesar dos seus inegáveis méritos, o tempo e a experiência revelaram que o sistema de preços padece de um radical defeito constitutivo: ele é inteiramente cego e omisso em relação ao impacto cumulativo sobre o meio ambiente das nossas escolhas como produtores e consumidores. Isso acontece porque o preço de mercado dos bens e serviços reflete tão somente uma parcela — relativa às *despesas monetárias* — dos custos totais incorridos na sua produção e desfrute. Tudo aquilo que não é objeto de compra e venda e que, portanto, não transita pelo circuito das trocas monetárias é simplesmente abstraído, ou seja, tratado como se não existisse: como se pudesse ser despejado numa cloaca passiva e infinita — a biosfera — capaz de assimilar qualquer desaforo de ozônios, metanos e chorumes até o final dos tempos. — Suponha, por exemplo, que eu decida viajar à Europa. Ao adquirir o bilhete aéreo, eu pago o custo de produção do serviço contratado: o combustível queimado; o trabalho do piloto e o serviço de bordo; a manutenção e depreciação da aeronave; a remuneração do capital da companhia aérea; o uso do aeroporto, e assim por diante. Mas existe um componente de custo na viagem pelo qual eu — como todos a bordo — não precisarei pagar um centavo sequer: o extravagante volume de CO_2 emitido no trajeto (um montante per capita, convém lembrar, superior ao originado por um chinês ou um indiano durante um ano no meio rural). O mesmo vale para a companhia aérea: ao comprar ou fazer o leasing do avião, ela arca com o custo de produção do equipamento, mas deixa de pagar pela degradação ambiental gerada nas diversas etapas de fabricação dele: a extração dos minérios e produção do aço; o tratamento químico do couro utilizado nos assentos; a manufatura de insumos como plásticos e baterias; o transporte de peças e materiais até a planta da montadora, e assim por diante. — Essa falha não só distorce os preços relativos das coisas, levando os bens ambientalmente onerosos (como gasolina, automóveis e carne bovina) a ficarem mais baratos e serem mais demandados do que deveriam ser em relação aos menos nocivos (como etanol, bicicletas e frutos do mar), mas também afeta as decisões de investimento. Um exemplo entre mil: ao se comparar o custo de um quilowatt-hora gerado por uma usina solar/eólica e por uma termoelétrica a carvão, a escolha naturalmente recai sobre a última, pelo simples fato de que, na ponta do lápis, ela é a mais "econômica" das três. A comparação, porém, não é limpa: se o custo do impacto ambiental de cada uma entrasse na conta, a decisão — dependendo do preço imputado ao CO_2 emitido — eventualmente seria outra. — A cegueira capital do sistema de preços, é verdade, poderia ser corrigida por meio de "lentes corretivas": a solução seria recalibrar os preços relativos das mercadorias a fim de que passassem a refletir o seu maior ou menor impacto nocivo sobre a biosfera. Isso levaria a força do mercado a ser mobilizada não contra, como é o caso atualmente, e sim a serviço da causa ambiental. Mas, se já é difícil acreditar que algum país ouse fazer isso isoladamente, parece ainda mais difícil imaginar que todos eles cheguem a um acordo sobre como isso deveria ser feito e implementado.

59

O quadrante do desespero. — Os pontos de vista e os focos de preocupação variam ao infinito, mas toda reflexão crítica sobre a vida em sociedade envolve uma definição em torno de dois parâmetros básicos. O primeiro é a extensão do hiato entre, de um lado, o mundo tal como ele existe e, de outro, o mundo como ele poderia e deveria ser: o fosso entre o *real* e o *ideal*. E o segundo é o grau de poder e de competência do qual se dispõe a fim de transformar a realidade na direção desejada: o eixo que se alonga do *voluntarismo* extremado, no qual tudo é questão de vontade, ao absoluto *fatalismo* de que as coisas são como são e não há nada que se possa efetivamente fazer para mudá-las. Na matriz definida pelas combinações desses dois pares, o *quadrante do desespero* tem endereço certo: a percepção de um hiato absurdo entre a realidade e o potencial humano aliada a uma não menos aguda sensação de impotência diante do desafio de impulsionar a mudança. — Enfrentar e neutralizar o repuxo gravitacional do quadrante do desespero é a tarefa diuturna dos que lutam para manter viva a chama da expectativa de algo melhor no futuro — o corpo a corpo da esperança.

60

Rorschach ideológico. — A: Dentro do capitalismo não tem saída, vamos afundar na barbárie. — B: Mas o que exatamente é isso que você chama de "capitalismo"? — A: Ora, meu caro, não banque o cínico, todos sabem exatamente do que se trata! — B: Desculpe, mas estou sendo sincero. Eu nunca sei ao certo o que vai pela cabeça de alguém quando acusa "o capitalismo" disso ou daquilo; quando você diz *capitalismo*, está falando do capitalismo de Marx ou Weber, Hayek ou Zizek? — A: Falo do que está bem aí, diante do meu e do seu nariz: da ganância desenfreada que tomou conta do mundo, do poder nefasto da grana, dos governos corruptos dominados pelos bancos e empreiteiras, do consumismo insano que nos é enfiado todo o tempo goela abaixo, desse sistema injusto e excludente comandado pelo grande capital globalizado... — B: Ah, acho que começo a entender. Você está puto com *tudo isso que aí está* e então resolveu criar o seu próprio conceito de capitalismo; *ele* é o demônio, *ele* é a raiz de todos os males... — A: Mas, afinal, de que lado você está?! Acho que no fundo você só quer mesmo é confundir as coisas; tergiversar para deixar tudo na mesma, naturalizar o status quo, desviar a atenção do verdadeiro inimigo. — B: Só falta agora você me xingar de neoliberal! Pois saiba que talvez estejamos mais próximos do que você imagina. Não sou menos inconformado que você, só não consigo é ver *em que* acusar "o capitalismo", "o sistema" ou o nome que você quiser dar ao monstro vai nos ajudar um milímetro a sair do buraco ou entender o que há de errado no mundo. E se "ele" não passa de um borrão conceitual fabulado por filósofos teutônicos, onde cada um mete o que lhe convém; e se "ele", como o flogisto, o santo graal ou o unicórnio, nunca tiver existido? — A: Mas aonde afinal você quer chegar? — B: Proponho uma medida profilática: abandone o cacoete, aposente o surrado vilão, diga tudo que tem a dizer sobre o que vai mal no mundo, não altere uma vírgula, mas faça-o sem invocar essa muleta preguiçosa da crítica, sem recorrer a essa invenção prussiana de mil gavetas e mil espelhos chamada "capitalismo": aceita o desafio? — A: Pois faça você isso! Castrar tola e inutilmente o meu discurso, nem pensar!

De te fabula narratur. — Quando surgiram as primeiras câmeras analógicas portáteis de baixo custo, lá pelos idos dos anos 1970, a febre dos turistas japoneses despertou a surpresa — e a derrisão — do mundo. "Ocupam-se mais em fotografar tudo que aparece do que em ver e apreciar as coisas!", era o comentário comum, quase um clichê, na época. Visto de hoje, contudo, o quadro é bem outro: de mera idiossincrasia nipônica, o furor fotográfico — vide as selfies — virou mania universal. Os turistas japoneses não eram uma aberração risível, como ingenuamente se supunha, mas apenas o prólogo singelo ou vanguarda do que viria a se tornar banal. — Seguindo o mesmo raciocínio, duas novidades recentes do mercado japonês talvez possam ser tomadas como indicativas do mundo por vir. A primeira é o surgimento de um novo tipo de serviço visando trazer alívio à solidão dos idosos. Trata-se do mercado de atores treinados e contratados especialmente pelos filhos a fim de que visitem e conversem com os pais em seu lugar; as visitas baseiam-se em scripts que rememoram particularidades, situações e anedotas da vida em família; conduzidos por profissionais corteses e bem-apessoados, os encontros, ao que parece, costumam agradar aos velhinhos, que os encaram como um gesto de apreço filial. A segunda inovação são as *"bulusela shops"*. Ao retornarem exaustos para casa depois de um árduo dia de trabalho, os *commuters* japoneses têm ao seu dispor um tônico revigorante do ânimo e da fantasia: calcinhas femininas usadas, embaladas a vácuo e encharcadas de feromônio genital, vendidas a preços módicos em máquinas automáticas de venda. — Onde a demanda pipoca, a oferta se faz: do que o mercado — essa gigantesca caixa registradora de gostos e preferências — não é capaz? Mas serão os consumidores nipônicos assim *porque são assim* ou porque *ficaram assim*? E não serão eles apenas a avant-garde do que em breve será praxe no mercado global?

62

Caverna digital. — "Todo tipo de vício é ruim", dizia Carl Jung, "não importa se a droga seja o álcool, a morfina ou o idealismo." Em tempos tais como hoje, poderia alguém sugerir, a praga do smartphone estaria perfeitamente em casa nessa lista. — O poder de imantação e feitiço das telas eletrônicas; a intoxicação pelo excesso de estímulos; a gula informacional — estranha forma de possessão.

Tópicos distópicos. — Os jovens abúlicos, os velhos deprimidos; os pobres entorpecidos, os ricos enfadados; os homens embrutecidos, as mulheres desenganadas; os privilegiados acima da lei, os excluídos aquém dela; os empregados como roldanas de engrenagem, os desocupados esmagados por ela; os bem-sucedidos sem tempo para nada, os desvalidos sem saber o que fazer com ele; as faxineiras negativadas, os banqueiros insones; os casais algemados, os amantes rompidos; os poetas à míngua, os corruptos à larga. De tudo que foi e não foi, resta o quê? A convivência entre desumanos desidratada ao mínimo legal do mercado: a troca mercenária de bens e ofícios conforme valorações aguerridamente pactuadas. O pagamento em dinheiro, à vista ou parcelado, como o único vínculo entre bolhas narcísicas ambulantes. A rua onde voz e buzina se confundem.

Uma página de Valéry. — "O espaço inocupado [do planeta] e o tempo livre são agora apenas memórias. O tempo livre que tenho em mente não é o lazer tal como normalmente entendido. O lazer aparente ainda permanece conosco, e, de fato, está protegido e propagado por medidas legais e pelo progresso mecânico. As jornadas de trabalho são medidas, e a sua duração em horas, regulada por lei. O que eu digo, porém, é que o nosso ócio interno, algo muito distinto do lazer cronometrado, está desaparecendo. Estamos perdendo aquela paz essencial nas profundezas do nosso ser, aquela ausência sem preço na qual os elementos mais delicados da vida se renovam e se confortam, ao passo que o ser interior é de algum modo liberado de passado e futuro, de um estado de alerta presente, de obrigações pendentes e expectativas à espreita. [...] Mas as demandas, a tensão, a pressa da existência moderna perturbam e destroem esse precioso repouso. Olhe para dentro e ao redor de si! O progresso da insônia é notável e anda pari passu com todas as outras modalidades de progresso. Quantas pessoas atualmente no mundo dormem somente um sono sintético, e obtêm o seu suprimento de absoluto repouso graças à engenhosidade da indústria química! Pode ser que alguma nova combinação de moléculas mais ou menos barbitúricas nos traga também a meditação da qual a vida mais e mais vai nos privando em suas formas naturais. Algum dia a farmacopeia nos fornecerá também a profundidade. Mas, enquanto isso, a confusão e a fadiga mental tornam-se por vezes tão enormes que passamos a suspirar ingenuamente pelos Taitis, pelos paraísos de ócio e simplicidade e pelas vidas vagas e vagarosas que jamais conhecemos. Os homens primitivos ignoram a necessidade das divisões minúsculas do tempo. [...] Diante disso tudo, não estou longe de concluir que a sensibilidade do homem moderno vem sendo degradada." — A paisagem externa é comum a todos: os cinco sentidos são testemunhos dos efeitos da ocupação do planeta pela civilização tecnológica. E se a paisagem interna — o que vai pela nossa alma — se fizesse visível? E se o que vemos ao nosso redor — nas terras e nas águas, nos desertos e geleiras, nos mares e aglomerados urbanos do mundo — estiver ocorrendo não só fora, mas também dentro de nós — em nossa natureza interna? A terra desolada do planeta externo é a face visível do que vai pelo planeta interno de cada um. O "tempo livre" não tem nada (ou quase) de livre. Há um continuum entre a lógica intensamente competitiva e calculista do mundo do trabalho e aquilo que somos e fazemos nas horas em que estamos fora dele — despertos ou não. Haverá limite? O vírus da pressa alastra-se em nossos dias de uma forma tão epidêmica como a peste em outros tempos: a frequência do acesso a um website despenca caso ele seja 250 milésimos de segundo mais lento que um site rival; mais de um quinto dos usuários da internet desistem de um vídeo caso ele demore mais de cinco segundos para carregar. Excitação efêmera, tédio à espreita. O ensaio de Valéry foi publicado em 1935. Estará longe o dia em que o problema a que alude o poeta deixe de sê-lo? Em que a adaptação triunfante aos novos tempos esvazie até mesmo a consciência da nossa degradação?

Terceira parte

Descanso de Pirro. — Cíneas, o favorito de Pirro, rei do Epiro no século III a.C., vendo-o preparar-se para invadir território romano, aproxima-se do seu amo e indaga o que ele pretende fazer após a conquista. Pirro prontamente responde que o próximo alvo será a Sicília. "E depois dela?", indaga o favorito. O rei então declara que, subjugada a Sicília, o plano é tomar a Líbia e Cartago como etapas para a dominação definitiva da Grécia e da Macedônia. Cíneas, porém, não se dá por satisfeito. "E tendo alcançado todos esses objetivos", questiona, "tendo submetido todos esses povos e reinos ao seu domínio, o que Sua Alteza intenciona fazer em seguida?" "Ora, aí sim poderemos desfrutar a vida, comer, conversar e beber despreocupadamente com os amigos." E Cíneas: "Mas o que previne Sua Alteza de fazê-lo agora?". — A perspicaz esgrima de Cíneas levanta a ponta do véu a um mistério: o que de fato motiva e impele, não obstante os enormes riscos e obstáculos, uma poderosa e infatigável ambição? Na psicologia do conquistador de impérios políticos e empresariais não menos que na dos grandes desbravadores das ciências e das artes; em toda forma de exacerbação do sonho e do impulso realizador parece haver sempre um quê de enigmático: alguma coisa opaca, incerta e escorregadia, estranhamente refratária à análise. É plausível imaginar que o avanço da neurociência venha a lançar luz algum dia sobre a bioquímica cerebral subjacente a esse obscuro e elusivo recanto do nosso psiquismo. Uma coisa, todavia, parece clara: a pergunta-*touché* de Cíneas negligencia uma crucial diferença entre as duas situações delineadas — e isso não só na ótica de Pirro como, sobretudo, aos olhos dos seus amigos e da corte. Pois uma coisa é desfrutar da companhia dos amigos na condição de um rei igual a tantos outros, anteriores e posteriores a ele; e outra, muito distinta, é fazer isso ao sol inebriante da aprovação e admiração alheias, coberto da glória auferida por memoráveis feitos e conquistas. "Àqueles habituados à posse, ou mesmo à esperança da admiração pública", observa Adam Smith, "todos os demais prazeres esmaecem e definham." Aí residiria, quem sabe, a chave do *descanso de Pirro*.

66

Entreouvido em Atenas. — Ao ver Diógenes ocupado em limpar vegetais ao pé de um chafariz, Platão aproximou-se do filósofo rival e alfinetou: "Se você fizesse corte a Dionísio [rei de Siracusa], não precisaria lavar vegetais". E Diógenes, no mesmo tom sereno, retorquiu: "É verdade, Platão, mas se você lavasse vegetais você não estaria fazendo a corte a Dionísio".

67

Rivalidade fratricida. — O paraíso bíblico desconhecia a escassez. Após a queda, porém, tudo mudou. Condenada a ganhar o sustento à mercê do trabalho duro e do suor sem trégua, a estirpe do primeiro casal bifurcou-se: Caim foi cultivar o solo, Abel tornou-se pastor. No tempo da colheita, Caim fez dos frutos da terra uma oferenda ao Senhor, ao passo que Abel ofereceu a mais tenra cria do seu rebanho. A prenda de Abel caiu nas graças de Deus, mas a do outro filho de Adão foi repelida. Ao perceber a zanga e a fúria estampadas no rosto de Caim, o Senhor procurou consolá-lo: "Por que tens raiva? Por que essa irritação? Se fizeres o certo, manterás a cabeça erguida". E então advertiu: "Se não o fizeres, o pecado é um demônio à espreita; tu serás cortejado por ele e ele o dominará". Mas de nada valeu. Caim armou uma emboscada e encharcou a terra com o sangue do irmão. Interpelado por Deus sobre o paradeiro de Abel, o primogênito de Eva tergiversou: "E lá sou eu o pajem do meu irmão?". Como castigo pelo seu crime, Deus amaldiçoa Caim, forçando-o a abandonar suas terras e condenando-o a viver como um fugitivo errante, rangendo de fome e privação. — As oferendas retratam quem oferta e refletem a imagem que o oferente faz de quem recebe. Em contraste com o ato de troca, no qual se medem e permutam equivalentes, a oferta de um regalo, dádiva ou sacrifício remete a um espaço simbólico, regido pela expectativa de reciprocidades e obrigações. O Deus judaico-cristão, isto é claro, não se satisfaz com pouco. Sobre a intenção divina ao favorecer um dos irmãos em prejuízo do outro; e sobre o motivo pelo qual Ele julgou por bem acolher o gesto de Abel mas rejeitar o de Caim (o teor da oferenda? o espírito com que ela foi feita? a vida pregressa de cada um?), não ouso especular — o texto bíblico é singularmente omisso nesse ponto. O fulcro da narrativa, todavia, não é a inescrutável mente divina, e sim a natureza da rivalidade entre os irmãos. Pelo que, afinal, os dois competiam? Caim e Abel se desdobram no intento de agradar ao Senhor: eles disputam a primazia do afeto e do favor divinos. Mas, ao se ver preterido e sobrepujado pelo irmão mais moço, a inveja e o ciúme tomam conta de Caim; possuído pela fúria, ele não suporta a ideia de resignar-se a um posto apenas subalterno na hierarquia dos afetos do Deus-Pai. O fratricídio sela sua ruína e expõe o lado trágico da falta de equanimidade divina. Pois, ao tornar patente a primazia de Abel aos Seus olhos, o Senhor dá ensejo a uma sombria e funesta forma de competição na prole do primeiro casal. À escassez dos meios de vida provocada pela queda vem juntar-se outra — e inapelável — modalidade de escassez: a eterna e sempre renovada contenda pela atenção, a estima e o apreço alheios.

68

Liberdade e necessidade ao revés. — "Por meios honestos se você conseguir, mas por quaisquer meios faça dinheiro", preconiza — prenhe de sarcasmo — o verso de Horácio. Desespero, precisão ou cobiça, dentro ou fora da lei: o dinheiro nos incita a fazer o que de outro modo não faríamos. Suponha, entretanto, um súbito e imprevisto bafejo da fortuna — um prêmio lotérico, uma indenização milionária, uma inesperada herança. Quem continuaria a fazer o que faz para ganhar a vida caso não fosse mais necessário fazê-lo? Estamos acostumados a considerar o trabalho como algo a que nos sujeitamos, mais ou menos a contragosto, a fim de obter uma renda — como um sacrifício ou necessidade imposta de fora; ao passo que o consumo é tomado como a esfera por excelência da livre escolha: o território sagrado para o exercício da nossa liberdade individual. A possibilidade de satisfazer, ainda que parcialmente, nossos desejos e fantasias de consumo se afigura como a merecida recompensa — ou *suborno*, diriam outros — capaz de atenuar a frustração e aliviar o aborrecimento de ocupações que de outro modo não teríamos e não nos dizem respeito. Daí que, na feliz expressão do jovem Marx, "o trabalhador só se sente ele mesmo quando não está trabalhando; quando ele está trabalhando, ele não se sente ele mesmo". — Mas, se o mundo do trabalho está vedado às minhas escolhas e modo de ser; se nele não passo de alavanca biótica intercambiável ou tapa-buraco da inventividade humana, até que um robô ou "máquina inteligente" me substitua com vantagem; e se, naquilo que faço na maior parte das horas despertas, deixo de ser quem sou e não encontro espaço para a autoexpressão e a realização criativa, como poderei então revelar-me ao mundo e àqueles que prezo *naquilo que sou*? Onde poderei expressar a minha individualidade? Impedido de ser quem sou no trabalho — escritório, chão de fábrica, call center, guichê, balcão —, extravaso a minha identidade no consumo — shopping, butique, salão, restaurante, showroom. Fonte de elã vital, o ritual da compra energiza e a posse ilumina a alma do consumidor. A compra de bens externos molda a identidade e acena com a promessa de distinção: ser notado, ser ouvido, ser tratado com simpatia, respeito e admiração pelos demais. Não o que faço, mas o que possuo — e, sobretudo, o que sonho algum dia ter — diz ao mundo quem sou. Servo impessoal no ganho, livre e soberano no gasto.

69

Ser livre. — A expressão de alívio de Sócrates — "Quantas coisas no mundo das quais não preciso!" — ao retornar de um passeio pelo mercado de Atenas.

70

Trabalho alienado. — Kepler ganhava a vida como astrólogo, Fernando Pessoa como tradutor de cartas comerciais e T.S. Eliot como bancário; David Ricardo fez fortuna especulando com títulos da dívida pública inglesa, Charles Peirce tinha uma sinecura na American Coastal Survey e Octavio Paz fez carreira no serviço diplomático mexicano; Machado de Assis e Carlos Drummond de Andrade foram ambos servidores públicos exemplares. — O que é trabalho? O exemplo desses criadores, dentre tantos que poderiam ser lembrados, é sugestivo. Embora premidos a trabalhar para pagar as contas no fim do mês, eles souberam encontrar no seu trabalho fora do emprego — independente de paga e, em alguns casos, até mesmo do apreço de sua obra pelos contemporâneos — uma razão de viver. Isso permite distinguir duas concepções discrepantes da atividade produtiva humana: o trabalho como ganha-pão, exercido sob a pressão da necessidade; e o trabalho como vocação, ou seja, como atividade voluntária, não necessariamente remunerada, por meio da qual se busca dar vazão ao impulso criador e alcançar um sentido de realização pessoal. — O ideal de um mundo liberto do trabalho imposto de fora, como obrigação alheia à livre escolha individual, tem uma longa história. A formulação clássica é devida a Marx. Com o advento do comunismo, ele afiançava na *Crítica ao Programa de Gotha* de 1875, "quando tiver desaparecido a subordinação escravizadora dos indivíduos à divisão do trabalho", o trabalho deixará de ser "apenas um meio de vida para tornar-se, ele próprio, a primeira necessidade vital". O experimento comunista, entretanto, não honrou a promessa: ao contrário, hoje sabemos, ele levou a alienação do trabalho a novos píncaros, como no conhecido lamento do funcionário soviético: "nós fingimos que trabalhamos e eles fingem que nos pagam". Nada disso, porém, diminui a realidade do problema ou faz dele uma prerrogativa do marxismo. Como já alertava Mill em 1848: "Trabalhar pelo preço oferecido por outro e para o lucro deste, sem interesse algum pelo trabalho — sendo o preço do trabalho ajustado pela competição hostil, com um lado pedindo o mais possível e o outro pagando o menos que puder —, não é, mesmo quando os salários são elevados, um estado satisfatório para seres humanos que deixaram de julgar-se inferiores àqueles a quem servem". O espantoso é que, não obstante o furioso aumento da produtividade desde o século XIX — uma conquista que poderia em tese ter reduzido drasticamente a necessidade do trabalho alienado —, parecemos estar hoje em dia ainda mais afastados do ideal projetado pelos economistas clássicos do que quando eles o formularam. A escalada do consumo atropelou o valor da busca da autonomia na vida prática e engoliu o sonho do trabalho como esfera de autorrealização humana. O ter — e não o fazer — nos define. Não é à toa que o sentimento da vacuidade — da ausência de algo definido no centro da alma em meio a toda a tecnologia e abundância ocidentais — só faz crescer.

A charada do consumo. — Atacar a espiral consumista é fácil — uma porta aberta; o desafio é entender suas causas e dinâmica: a natureza do seu poder sobre a psicologia humana. *O que move o consumo?* A busca por respostas remonta ao mundo antigo. "A riqueza demandada pela natureza", sentenciou Epicuro no século IV a.C., "é limitada e fácil de obter; a demandada pela vã imaginação estende-se ao infinito e é difícil de obter." A centralidade da imaginação como mola propulsora do consumo reaparece, 2 mil anos mais tarde, na observação do crítico social inglês John Ruskin: "Três quartos das demandas existentes no mundo são românticas; baseadas em visões, idealismos, esperanças e afeições; e a regulagem da bolsa é, em essência, a regulagem da imaginação e do coração". — O espectro dos desejos de consumo, todavia, não é descontínuo nem conhece divisões absolutas. Daí que a fronteira que separa essas duas fontes de demanda — o mínimo indispensável à vida, de um lado, e o infinito imagético-facultativo de outro — não é algo que se possa fixar com clareza. As exigências da natureza, é certo, impõem limites e têm de ser atendidas; mas seria ingênuo supor que nossas necessidades básicas de consumo possam ser demarcadas por um critério rigidamente biológico e invariante no tempo: artigos de consumo de inquestionável primeira necessidade hoje em dia, como anestésicos, escovas de dente e geladeiras, eram simplesmente desconhecidos — quiçá inimagináveis — nos tempos de Epicuro; aquilo que julgamos indispensável à vida não é uma "cesta básica" imutável, válida em qualquer tempo e lugar, mas incorpora um componente histórico-cultural. No caso estadunidense, por exemplo, como evidencia Robert Fogel, "a renda real (corrigida pela inflação) do quinto mais pobre dos domicílios aumentou *nove vezes* entre 1890 e 1990"; ao mesmo tempo, a contínua elevação do piso definidor das necessidades básicas de um cidadão comum — a "linha da pobreza" (hoje ao redor de 25 mil dólares anuais para uma família de quatro pessoas) — levou os pobres do século XXI a serem "relativamente ricos pelos padrões de 1890, uma vez que, há um século, somente os domicílios entre os 10% no topo da distribuição de renda tinham rendas reais que superavam nossa atual linha de pobreza": ou seja, se retroagíssemos a atual linha de pobreza (corrigida pela inflação) a 1890, *nove* em cada dez lares americanos existentes naquela época estariam vivendo *abaixo* dela (atualmente são cerca de 15%). — Que o rol das coisas indispensáveis à vida cresceu e se multiplicou dramaticamente história abaixo é ponto pacífico e mérito da civilização tecnológica que nos libertou dos múltiplos jugos das fomes recorrentes, epidemias e desconforto físico. A pergunta inicial, porém, permanece: supridas as exigências básicas, o que move o consumo? — O bombardeio de estímulos publicitários a que estamos submetidos é, sem dúvida, parte da resposta, mas é difícil acreditar que ele tenha o dom de *criar do nada* os desejos que insufla e atiça sem cessar; se funciona, é porque encontra solo fértil e receptivo em nossa imaginação (nenhum esforço de marketing, por mais talentoso, seria capaz de nos converter em altruístas abnegados ou faquires). A gama das fantasias e motivações que nos impelem a consumir não é menor que a pletora de artigos disponíveis no mercado. — Existe, não obstante, um aspecto peculiar da nossa "vã imaginação" — uma modalidade definida de demanda — que remete ao nervo da espiral do consumo no mundo moderno. Quando os meios de vida já foram obtidos, existem dois tipos de riqueza que podemos demandar. Uma delas é a *riqueza democrática*: são os bens e serviços cujo valor reside na satisfação direta que nos proporcionam, independentemente do que façam ou possuam os demais. Se tomar uma taça de Chianti ou assistir a um novo filme ou dormir com o ventilador ligado todas as noites me proporciona um especial prazer, isso em nada depende do fato de estarem os outros moradores da cidade fazendo (ou não) o mesmo. Coisa muito distinta, porém, é a demanda por *riqueza oligárquica*: o desejo de desfrutar daquilo que de algum modo nos projeta aos olhos dos demais e nos permite "ocupar um lugar de honra na mente dos nossos semelhantes" — os chamados "bens posicionais". A satisfação proporcionada por esse tipo de bem depende essencialmente da sua escassez relativa, ou seja, do fato de que sua posse é privilégio de poucos no grupo de referência relevante. Imagine, por exemplo, a perplexidade de um jovem casal que acorda uma bela manhã e se dá conta de que todos os carros e bolsas da cidade onde mora foram trocados durante a madrugada por Porsches e Louis Vuittons (legítimas) iguais aos seus! "Para a maior parte das pessoas ricas", como observa com argúcia Adam Smith na *Riqueza das nações*, "a principal fruição da riqueza consiste em poder exibi-la, algo que aos seus olhos nunca se dá de modo tão completo como quando elas parecem possuir aqueles sinais de opulência que ninguém mais pode ter a não ser elas mesmas." — A relevância dessa dualidade para a dinâmica do consumo não é pequena. Pois, enquanto a riqueza democrática pode generalizar-se e ser desfrutada *por todos ao mesmo tempo* sem prejuízo do seu valor — definindo, portanto, uma forma de escassez passível em tese de ser superada —, já a oligárquica tem como característica perder seu valor e apelo à medida que se dissemina socialmente. Daí que na contenda por bens posicionais, onde o sucesso de alguns é por definição a exclusão da maioria, os apetites de consumo se estendem ao infinito (dos tênis de marca, novos *gadgets* e cosméticos às obras de arte, joias e relógios finos), ao passo que a escassez está sempre sendo recriada. A moeda escassa nesse jogo sisífico de soma zero é a atenção respeitosa, a admiração e o afeto das pessoas que nos cercam. — O espetáculo em si é talvez tão antigo quanto a rivalidade invejosa entre os homens: "só me interessam as posses que despertam no populacho a inveja de mim por possuí-las", declara um milionário romano no *Satíricon* de Petrônio. A novidade é termos todo um planeta — finito — submetido ao delírio narcísico e à sanha infinita de bilhões de ávidos consumidores.

72

Luxury for all. — "O luxo é de fato possível no futuro", proclamou John Ruskin em 1860, "*luxo para todos,* e por meio da ajuda de todos." A bandeira, contudo, não se sustenta: pois o luxo, no seu componente oligárquico, não só deixa de sê-lo a partir do momento em que se difunde por um maior número de consumidores e se torna uma "necessidade" como — pior — deflagra uma nova rodada de diferenciação, capaz de garantir a exclusão dos mortais comuns do acesso a ele. Escassez perpétua.

73

Apontamentos para uma história da propaganda (1). — O anúncio do Cadillac modelo Fleetwood Brougham 1974 estampava a fotografia de um jovem médico-cirurgião negro, visivelmente exitoso na profissão, acompanhada dos dizeres: "Eu não dirijo o carro pelo prestígio. Eu o dirijo pelos meus próprios sentimentos de satisfação".

74

A corrida armamentista do consumo. — Imagine uma corrida em que os contendores se afastam cada vez mais do objetivo pelo qual competem. A corrida armamentista stricto sensu tem dinâmica e propriedades conhecidas: um país, por qualquer motivo, decide se armar; os países vizinhos sentem-se vulneráveis e decidem fazer o mesmo a fim de não ficarem defasados; sua reação, porém, deflagra uma nova rodada de investimento bélico no primeiro país, o que obriga os demais a seguirem outra vez os seus passos. A escalada armamentista leva os participantes a dedicarem uma parcela crescente da sua renda e trabalho à garantia da segurança externa, mas o resultado é o contrário do pretendido. O objetivo da máxima segurança redunda, ao generalizar-se, na insegurança geral — um tênue e onipresente equilíbrio armado do terror. — A corrida armamentista do consumo tem uma lógica semelhante. Nenhum consumidor é uma ilha: existe uma forte e intrincada interdependência entre os anseios de consumo das pessoas. Aquilo que cada uma delas sente que "precisa" ou "não pode viver sem" depende não só dos seus "reais desejos e necessidades" (como se quiser defini-los), mas também — e, talvez, *sobretudo*, ao menos nas sociedades mais afluentes — daquilo que os outros ao seu redor possuem. Ocorre, contudo, que a cada vez que um novo artigo de consumo é introduzido no mercado e passa a ser usado, desfrutado ou ostentado por aqueles que pertencem ao nosso grupo de referência — restrito a amigos, parentes e vizinhança no passado, hoje expandido pelo *big bang* das mídias, blogs e redes digitais — o equilíbrio se rompe e o desconforto causado pela percepção da falta atiça e impele, como ardência de queimadura, à ação reativa da compra do bem. Porém, quando todos se empenham em alcançar os que estão em cima — ou ao menos não ficar demasiado atrás deles —, eles passam a trabalhar mais (e/ou se endividar) a fim de poder gastar mais, ao passo que o maior nível de gasto e consumo se torna, por sua vez, "o novo normal". A lógica da situação obriga-os a correr cada vez mais depressa, como hamsters confinados a esferas rotatórias, para não sair do lugar. Todos pioraram em relação ao status quo ante, pois agora precisam ganhar mais (e/ou estão mais endividados), e nenhum dos envolvidos, a não ser que adote a opção radical de se tornar um "excêntrico" e "pular fora do carrossel", consegue isoladamente escapar da armadilha. — Mas a suprema ironia, como já pressentia o poeta latino Horácio e pesquisas recentes corroboram, reside no fato de que "quanto mais se possui, mais se quer". Os estratos de maior renda na sociedade são justamente aqueles que tendem a revelar uma *maior* quantidade de desejos insatisfeitos de consumo: conquistados a linda casa e o belo carro, por que não uma casa de praia? mas, tendo uma casa à beira-mar, como não ter um barco a motor? e, depois de ter ralado tanto e alcançado tudo isso, como não ter visitado ainda as Ilhas Virgens e feito *scuba diving*? Com o aumento da renda cresce a sensação da falta — mas do quê? "Deus dá o frio conforme o cobertor."

75

Apontamentos para uma história da propaganda (2). — A crescente padronização do ideal de beleza feminina foi um dos efeitos imprevistos da popularização da fotografia, das revistas de grande circulação e do cinema a partir do início do século XX. Não é à toa que esse movimento coincide com a decolagem e vertiginosa ascensão da indústria da beleza (hoje um mercado com receita global acima de 200 bilhões de dólares, dos quais 2%-3% voltados para pesquisa e desenvolvimento, mas 20%-25% para propaganda e marketing). Como vender "a esperança dentro de um pote"? As estratégias variam ao infinito, porém a mais diabólica e (possivelmente) eficaz dentre todas — verdadeira premissa oculta do marketing da beleza — foi explicitada com brutal franqueza, em 1953, pelo então presidente da megavarejista de cosméticos americana Allied Stores: "O nosso negócio é fazer as mulheres infelizes com o que têm". O atiçar cirúrgico da insegurança estética e a exploração metódica das hesitações femininas no universo da beleza abrem as portas ao infinito. Afinal, quantas mulheres de carne e osso de qualquer idade resistem a uma comparação com os rostos perfeitos, sorrisos cativantes e corpos imaculados das deusas da mídia global? Suspeito que nem mesmo as próprias "deusas", despidas da aura midiática e encaradas no seu dia a dia, sem maquiagem e photoshop, conforme saíram dos prelos da natureza, conseguiriam sair-se bem no cotejo. — Os números e lucros do setor reluzem, mas quem ousará estimar a soma de todo o mal-estar, tormento e miséria interior causados pelo massacre diuturno de um padrão ideal — e absurdamente irreal — de beleza?

76

Igualdade de quê? — A caminho da escola com Lia, sua irmã caçula, Ada encontra duas mangas na calçada. Ela recolhe as frutas, guarda a maior na lancheira e entrega a outra à irmã. "Isso não é justo", protesta Lia, "você pegar a maior e me dar a menor; como você é egoísta!" Ada ouve em silêncio os reclamos da irmã, até que por fim reage: "Mas, Lia, espere um pouco: se você tivesse apanhado as mangas, o que *você* teria feito?". "Ora, mana, é claro que eu teria ficado com a menor e dado a maior para você!" "Pois então eu não sei do que está reclamando", arremata Ada, "cada uma de nós ficou com a manga que desejava; *fiz exatamente o que você queria!*" — O que há de errado com a desigualdade do ponto de vista ético? Como a anedota revela, a desigualdade não é um mal em si — o que importa é a natureza do caminho até ela. O resultado distributivo, é certo, teria sido idêntico nos dois casos; mas nem por isso o protesto de Lia deixa de ser absolutamente justo e legítimo. Pois uma coisa é a repartição das frutas resultar de um gesto *voluntário* de uma delas; e outra, muito distinta, é ele ser *imposto* de modo inapelável e autoritário pela mais velha. Embora o ponto de chegada seja prima facie o mesmo, é o caminho trilhado que determina o seu significado ético. A justiça — ou não — de um resultado distributivo depende do enredo subjacente: das dotações iniciais dos participantes e da lisura do processo do qual ele decorre. — Do ponto de vista coletivo, a questão crucial é: a desigualdade observada reflete essencialmente os talentos, esforços e valores diferenciados dos indivíduos ou, ao contrário, ela resulta de um jogo viciado na origem e no processo, ou seja, de uma profunda falta de equidade nas condições iniciais de vida, da privação de direitos elementares e/ou da discriminação racial, sexual, de gênero ou religiosa? No primeiro caso, a desigualdade é legítima e reflete um salutar pluralismo: nem todos dão o mesmo valor ao sucesso financeiro nem estão dispostos a sacrificar outros valores a fim de alcançá-lo. Impor a igualdade na chegada seria eticamente injusto e opressivo. Mas, no segundo, a desigualdade é espúria e reflete uma grave injustiça: a prevalência de condições desiguais *socialmente* e a privação que leva crianças e jovens a não terem oportunidades minimamente adequadas de desenvolver suas capacidades e talentos de modo a ampliar seu leque de escolhas possíveis na vida prática e eleger seus projetos, apostas e sonhos de realização. No limite, quando isso acontece, a condição da família em que uma criança tiver a sorte ou o infortúnio de nascer, um risco comum a todos, passa a exercer um papel mais decisivo na definição do seu futuro do que qualquer outra coisa ou escolha que possa fazer no ciclo de vida. A falta de um mínimo de equidade nas condições iniciais e na capacitação para a vida tolhe a margem de escolha, vicia o jogo distributivo e envenena os valores da convivência. A igualdade de resultados oprime, a igualdade de oportunidades emancipa.

77

Dano colateral da desigualdade. — "O ouro é uma coisa maravilhosa", escreveu Colombo, da Jamaica, aos reis de Espanha em 1503, "seu dono é o senhor de tudo que deseja; o ouro faz até mesmo as almas entrarem no paraíso." A fé no padrão-ouro e a crença no paraíso cristão saíram combalidas do correr dos séculos, mas o poder do dinheiro se mantém incólume. O que lhe dá essa força? — Papel-moeda ou bit digital, o poder do dinheiro na sua carteira depende da falta dele na carteira dos demais. Se os outros não precisassem dele nem o desejassem, ele de nada valeria. O dinheiro é poder de mando sobre o trabalho e os bens disponíveis no mercado — sua função no circuito das trocas —, mas ele vai muito além disso: o dinheiro representa uma singular fonte de poder nas relações interpessoais. Pois, assim como a fama, a autoridade política e a beleza exercem um visível fascínio nas pessoas, uma reação que se expressa, entre outras coisas, em sorrisos e gestos faciais, no tom e no volume da voz, na fixação e dilatação das pupilas, no meneio das mãos e na orientação corporal; de igual modo a riqueza — ou a reputação dela — tem o dom de proporcionar ao seu possuidor a renda psíquica suplementar de um especial comando sobre a atenção, o respeito, a deferência e o afeto alheios. Como observa Hume, "nós naturalmente estimamos e respeitamos os ricos, antes mesmo de descobrir neles qualquer disposição favorável para conosco". — A extrema desigualdade de renda e riqueza exacerba esse quadro: pois o poder do dinheiro no seu bolso e conta bancária tende a ser tanto maior quanto mais ele estiver em falta no orçamento dos demais. À medida que a distância relativa entre ricos e pobres aumenta, o mesmo acontece com o poder objetivo e subjetivo da riqueza. O efeito se dá nas duas pontas do espectro de renda: *entre os que têm*, de um lado, porque cresce a aura social do dinheiro e o seu poder de mando sobre o trabalho dos que estão abaixo deles; e *entre os que não têm*, de outro, porque a desigualdade tende a estimular uma maior preocupação — e ansiedade — com o dinheiro derivada da perda de status (ou pior), além de favorecer a formação de expectativas ainda mais irrealistas em torno do que o dinheiro, uma vez conquistado, seria capaz de proporcionar. As coisas brilham com mais intensidade aos olhos de quem está na escuridão.

Inscrito na parede de uma barbearia popular. — "Se as mulheres não existissem, todo o dinheiro perderia o sentido." (Uma pesquisa na internet revelou que a frase tem dono: o bilionário armador grego Aristóteles Onassis, grande — e trágica — paixão da diva Maria Callas e segundo marido da ex-primeira-dama estadunidense Jacqueline Kennedy.)

And one more for the road. — Como reagem as moscas submetidas à rejeição sexual? Um experimento realizado por cientistas da Universidade da Califórnia em 2012 trouxe um achado curioso. O ritual de cortejo e acasalamento da *Drosophila melanogaster* segue um padrão conhecido: o macho interessado emite um som ritmado por meio da vibração das asas, acaricia o abdômen da fêmea e delicadamente trisca os genitais dela com sua delgada tromba. Ocorre, entretanto, que nada convencerá uma fêmea a consumar o ato caso ela venha de uma cópula recente e esteja, portanto, saciada. O experimento comparou a reação de dois grupos de machos: o primeiro teve acesso a fêmeas insaciadas e felizes em ceder aos avanços dos parceiros ao passo que o outro sofreu a rejeição sistemática (quatro dias) de fêmeas previamente saciadas. Em seguida, os pesquisadores ofereceram aos machos desses dois grupos a opção de escolher entre um alimento neutro e outro embebido em álcool (etanol). O resultado foi inequívoco: enquanto os membros do primeiro grupo não manifestaram preferência maior por um ou outro tipo de comida, os machos sob o efeito da rejeição sexual tenderam fortemente (70% dos casos) a afogar as mágoas e a frustração no consumo de álcool. — A relação entre privação sexual e bebida não é gratuita: a chave reside num mecanismo molecular específico presente no circuito de recompensa do cérebro das moscas. O sexo estimula a produção do sinalizador químico NPF (neuropeptídeo F), associado a ações prazerosas e essenciais do ponto de vista evolutivo, como comer, beber e copular, enquanto o estresse da rejeição e a frustração sexual causam uma imediata redução dele no cérebro. O álcool e outras drogas, todavia, ativam a produção de NPF no cérebro de modo a encobrir por outros meios, como um "gol de mão", o déficit desse químico no sistema de recompensa neural. O posterior bloqueio por manipulação genética da expressão de NPF no cérebro de machos sexualmente *satisfeitos* levou-os a recorrer ao álcool com a mesma sofreguidão dos demais. No circuito de recompensa essencialmente homólogo ao dos insetos que atua no cérebro dos mamíferos, inclusive os humanos, o neuropeptídeo correspondente ("moeda da gratificação neural") atende pelo nome de NPY. — O insólito experimento dá o que pensar. Gregor Samsa, o protagonista de *A metamorfose* de Kafka, adormeceu homem comum e despertou transmutado num inseto monstruoso, repugnante aos olhos dos familiares e de si mesmo. A ciência moderna vai a seu modo urdindo, passo a passo, um enredo semelhante — transfigurando o "filho de Deus" em bicho e inseto, sem metáfora, restrição ou reserva. Há um Gregor Samsa clandestino e inquieto alojado nos porões do sistema nervoso de cada ser humano.

80

O galo e o presidente. — Calvin Coolidge, o presidente estadunidense durante "os loucos anos 20" do último século, foi visitar uma granja acompanhado de sua esposa. A primeira-dama, curiosa, perguntou ao granjeiro como ele fazia para obter tantos ovos fecundados com tão poucos galos. Ele explicou, não sem uma ponta de orgulho, que seus galos cumpriam alegremente o dever dezenas de vezes por dia. "Talvez você pudesse depois comentar isso com o presidente", ela sussurrou. O presidente, todavia, captou inadvertidamente a conversa e interpelou o granjeiro: "Mas me esclareça uma coisa, é o mesmo galo que faz o serviço todas as vezes com a mesma galinha?!". "Ah, não", veio a resposta, "ele sempre muda de uma para outra." E o presidente, com brilho de lâmina no olhar: "Ah, compreendo, então você talvez pudesse comentar *isso* com a primeira-dama!".

81

Alma adúltera, vida casta. — "A maioria dos maridos", resumiu Balzac, "me faz lembrar de um orangotango tentando tocar violino."

82

Quadratura do círculo. — Ele a deseja safa no sexo, santa na rua. Ela o deseja garanhão na cama, cordeiro em companhia.

83

A Bíblia adúltera. — Em 1631 foi publicada na Inglaterra uma Bíblia contendo um lapso tipográfico. Por descuido dos impressores, o sétimo mandamento omitiu a palavra "não" e proclamou: "Cometerás adultério" (Êxodo 20:14). A edição não era grande e foi logo recolhida. Mas os efeitos do deslize ao longo dos séculos — que coisa assombrosa! Quem teria ousado imaginar?!

84

A domesticação do animal humano. — O processo civilizatório combina dois vetores básicos. O primeiro, de orientação externa, envolve o domínio da natureza não humana por meio da progressiva substituição de um ambiente natural incontrolado e hostil por um ambiente tecnológico controlado e dócil: o ideal-limite do milênio sociotécnico. A contrapartida desse movimento — menos palpável talvez, mas não menos crucial e prenhe de implicações — abrange o esforço de domar a *natureza interna* dos humanos por meio do progressivo controle e neutralização dos aspectos irascíveis, desatinados e impulsivos do nosso psiquismo arcaico: o ideal da desanimalização da humanidade. — Ao longo das eras, o trabalho natureza afora sempre caminhou pari passu com o trabalho natureza adentro. Os primeiros e decisivos passos nessa jornada remontam aos primórdios da civilização. O advento da agricultura e da criação pastoril em larga escala, há cerca de 12 mil anos, implicou não só uma vasta readaptação dos valores, crenças, instituições e formas de vida aos seus métodos e exigências: ele implicou a domesticação do animal humano em grau equiparável ao de qualquer planta ou animal. Com o modo de vida agropastoril, a formação de grandes núcleos urbanos, o avanço da divisão do trabalho e a generalização das trocas mediadas pelo dinheiro, o homem deixou de viver, por assim dizer, *from hand to mouth*. A partir desse marco, toda a atividade produtiva passa a tornar-se, de forma crescente, o circuito dos meios, ou seja, um território regido pela suspensão do impulso de agir tendo em vista a imediata satisfação dos desejos. Abre-se assim uma fenda — que com os séculos se converteu num vasto, intrincado e por vezes ameaçador sistema de trocas comerciais e financeiras de âmbito planetário —, separando, de um lado, aquilo que se faz no dia a dia para ganhar os meios de vida e, de outro, aquilo que diretamente se almeja: desfrutá-la e bem vivê-la. O divórcio entre meios e fins na vida prática levou à crescente abstração do concreto vivido e à necessidade — por repressão ou introjeção — da renúncia instintual; ao refreamento da primazia do aqui e agora e ao lugar de relevo que passado e futuro — realidades virtuais — adquirem em nossa vida mental. Compelido ao trabalho abstrato e submetido à autoridade das leis, interdições e costumes de origem secular ou religiosa, o animal humano foi gradualmente se distanciando de suas pulsões instintivas e passando a submetê-las, de forma mais ou menos deliberada, sistemática e torturada, ao filtro de suas escolhas e sonhos, neuroses e temores. — Mas, se o padrão básico subjacente ao processo civilizatório é uniforme na essência, suas manifestações históricas ao longo da evolução humana são complexas e diversas ao extremo: pois assim como as diferentes civilizações lidam de forma distinta com a apropriação da natureza externa, revelando-se mais ou menos vorazes e agressivas diante desse desafio, de igual modo elas diferem no teor das exigências que fazem à nossa natureza interna e no grau de sacrifício e renúncia instintuais que impõem aos seus membros.

85

A granja hobbesiana. — A compulsividade não é prerrogativa humana. Retire um animal selvagem do seu habitat — um mamífero social, por exemplo, como um porco ou um chimpanzé — e obrigue-o a passar os dias trancafiado num espaço exíguo, artificial e protegido. A síndrome é conhecida dos tratadores de zoológico e experimentadores: os animais começam a exibir o que os etólogos chamam "comportamento estereotipado", ou seja, gestos compulsivos e autodestrutivos como, por exemplo, raspar o chão com as patas, roçar nas paredes e bater-se ferozmente contra as grades das suas jaulas. Outro exemplo é o que acontece com os animais da ordem dos roedores (*Rodentia*) — como os ratos, preás, hamsters e esquilos — quando se veem submetidos à privação temporária de alimento antes de serem restituídos ao seu meio natural: movidos pelo trauma da fome, eles se dedicam com uma fúria aparentemente insaciável ao entesouramento de comida, mesmo que não tenham como dar a ela nenhum destino plausível; um hamster pesando cem gramas, por exemplo, é capaz de acumular até 25 quilos de cereais em sua toca. O mais ilustrativo, porém, é o que sucede com as galinhas criadas em ambientes altamente controlados de produção em massa — as granjas mecanizadas ou *factory farms*. O sistema lhes permite obter sem esforço nas suas manjedouras todo o alimento de que precisam para mais um dia. Como ocupar o tempo? Livres da faina pela sobrevivência e presas em minúsculos cubículos, as galinhas se entregaram a uma nova e eletrizante diversão de cativeiro: passaram a se bicar e ferir umas às outras a tal ponto que os criadores se viram obrigados a amputar-lhes os bicos logo que elas nasciam, a fim de evitar que se matassem numa orgia hobbesiana de tédio, autoflagelo e rancor. — No *Leviatã*, Hobbes retratou a vida dos humanos pré-civilizados como "solitária, miserável, sórdida, embrutecida e curta". Dada a ausência de um poder soberano que os mantivesse em relativa paz social, "a condição natural da humanidade" seria uma "condição miserável de guerra", como a verificada entre "os povos selvagens em muitos lugares da América" no exemplo que ele mesmo oferece. O equívoco da tese é flagrante. Não é preciso idealizar o passado ancestral do animal humano — como no idílio rousseauniano de um "estado selvagem" pleno de harmonia, graça, inocência e ventura, constructo igualmente insustentável do ponto de vista etnográfico — para ver o que há de errado e simplório no "estado de natureza" hobbesiano. Hobbes tomou o bicho-homem confinado, cobiçoso e enervado da corte dos reis Stuart e da elite inglesa do seu tempo; assumiu como dada "a contenda perpétua por prestígio, riquezas e autoridade" que alimentava uma situação de conflito endêmico e inimizade potencial entre os homens, algo que podia observar à sua volta, e não titubeou em fazer disso nada menos que a premissa universal do modo de ser dos humanos em qualquer tempo e lugar. O resultado da operação é a conjectura do "estado de natureza" como "a guerra de todos contra todos" e do "homem como o lobo do homem". — Podemos da mesma forma imaginar um etólogo bisonho que, após uma visita de estudo a uma *factory farm*, apresentasse a tese de que o "estado de natureza galináceo" consiste na "guerra de todas contra todas" e de que "a galinha é o lobo da galinha" — a não ser, é claro, que um poder soberano se ocupe de mantê-las na linha e cuide da periódica amputação dos seus bicos.

86

Caliban e seu duplo. — A descoberta do Novo Mundo despertou a febre das utopias e distopias na consciência europeia. Inspirados pelos depoimentos e alegações feitos por viajantes de ultramar, inúmeros pensadores e poetas renascentistas serviram-se do contraponto proporcionado pelas crenças, hábitos e costumes dos povos ameríndios a fim de ressaltar com tintas fortes os vícios e virtudes do seu próprio mundo. — No ensaio "Dos canibais", baseado em relatos oriundos da expedição de Durand de Villegagnon à costa brasileira em 1557, o ensaísta francês Montaigne contrastou a vida dos tupis sul-americanos com os valores e costumes dos civilizados europeus: "Passam o dia a dançar; os jovens vão à caça de animais grandes contra os quais empregam o arco unicamente. Enquanto isso, uma parte das mulheres diverte-se com preparar a bebida, o que constitui sua principal ocupação. [...] Não entram em conflito a fim de conquistar novos territórios, porquanto gozam ainda de uma abundância natural que sem trabalhos nem fadigas lhes fornece tudo de que necessitam. [...] Têm ademais a felicidade de limitar seus desejos ao que exige a satisfação de suas necessidades naturais, tudo o que as excede lhes parecendo supérfluo". Quanto ao canibalismo, Montaigne o condena como "horrível barbaridade", mas não sem antes ponderar que via "mais barbaridade em comer um homem vivo" — como faziam os colonizadores portugueses, a seu modo, "em nome do dever e da religião" — do que em devorá-lo depois de morto. — Embora se saiba que Shakespeare foi leitor de Montaigne (na tradução inglesa de John Florio, publicada em 1603), não há registro ou indício de quais teriam sido suas fontes históricas — se é que precisou delas — para a criação do personagem Caliban (possivelmente um anagrama de "canibal") de *A tempestade*. O que é certo, porém, é que o índio selvagem da derradeira peça de Shakespeare — o habitante nativo da ilha do Novo Mundo onde Próspero, ex-duque de Milão, e sua filha Miranda buscam refúgio após o naufrágio — é o antípoda perfeito ou avesso imoral do canibal de Montaigne. Vil, traiçoeiro e despudorado, Caliban figura no desenrolar da trama como a imagem grotesca de uma humanidade sem o ordenamento da civilidade ocidental-cristã: ele é um "escravo nato"; um "homem-monstro"; um "semianimal" violento, dissoluto, incontinente, lascivo e beberrão, incapaz de aprender o que seja. E, quando ele expressa o seu ódio e repúdio do invasor que lhe usurpou a ilha e fez dele um escravo, a filha de Próspero o rechaça com profundo desdém e segura altivez, tachando-o de "escravo abominável, ao qual traço algum de bondade se imprime, ser capaz de todos os males". — Verso e reverso. As imagens da vida ameríndia do ensaísta francês e do bardo inglês não poderiam ser mais díspares, mas elas nos dizem mais sobre os preconceitos e fantasias dos seus autores do que sobre aqueles a quem se reportam. A diferença, contudo, é patente: pois, enquanto a idealização ingênua do primeiro tende a suscitar em nós um suspiro nostálgico e uma doce inclinação sonhadora, as trevas cristãs, a arrogância e o inegável racismo do segundo provocam um calafrio de horror.

87

Antropologia reversa. — É sempre tarefa difícil — no limite, impossível — compreender o outro não a partir de nós mesmos, ou seja, de nossas categorias e preocupações, mas de sua própria perspectiva e visão de mundo. "Quando os antropólogos chegam", diz um provérbio haitiano, "os deuses vão embora." — Os invasores coloniais europeus, com raras exceções, consideravam os povos autóctones do Novo Mundo como crianças amorais ou boçais supersticiosos — matéria escravizável. Mas como deveriam parecer *aos olhos deles* aqueles europeus? "Onde quer que os homens civilizados surgissem pela primeira vez", resume o filósofo romeno Emil Cioran, "eles eram vistos pelos nativos como demônios, como fantasmas ou espectros, nunca como *homens vivos*! Eis uma intuição inigualável, um insight profético, se existe um." — À primeira impressão, porém, deve-se acrescentar o testemunho amadurecido numa longa, decepcionante e amarga convivência. O xamã ianomâmi Davi Kopenawa, porta-voz e líder de um povo milenar situado no norte da Amazônia e ameaçado de extinção, oferece um raro e penetrante registro contra-antropológico do mundo branco com o qual tem convivido há décadas: "As mercadorias deixam os brancos eufóricos e esfumaçam todo o resto em suas mentes. [...] São os brancos que são sovinas e fazem as pessoas sofrerem no trabalho para estender suas cidades e juntar mercadorias, não nós! Para eles, essas coisas são mesmo como namoradas! Seu pensamento está tão preso a elas que se as estragam quando ainda são novas ficam com raiva a ponto de chorar! São de fato apaixonados por elas! Dormem pensando nelas, como quem dorme com a lembrança saudosa de uma bela mulher. Elas ocupam seu pensamento por muito tempo, até vir o sono. E depois ainda sonham com seu carro, sua casa, seu dinheiro e todos os seus outros bens — os que já possuem e os que desejam ainda possuir. [...] Os brancos não sonham tão longe quanto nós. Dormem muito, mas só sonham consigo mesmos".

88

Geórgica da mente. — No poema didático-pastoral *Geórgicas*, publicado em 29 a.C., o poeta latino Virgílio celebrou o trabalho duro dos homens e mulheres no cultivo da terra e na criação de animais; apresentou técnicas de semeadura, lavoura, pastoreio e criação de abelhas (a colmeia é louvada como um modelo de organização e disciplina para a sociedade humana) e retratou a agricultura como a batalha dos civilizados romanos contra uma natureza rude e ameaçadora. — Não deixa de ser sugestivo que o termo "geórgica" (grego *georgos*: "fazendeiro") tenha sido utilizado pelo profeta moderno da ciência a serviço da técnica, Francis Bacon, em sua definição do propósito da filosofia moral na obra programática *Progresso do conhecimento*. Em vez de limitar-se ao enaltecimento da virtude, do dever e da felicidade, como nas principais escolas da ética greco-romana, a função precípua da filosofia moral, ele propugnou, deveria ser a de "subordinar a ação e a vida ativa" por meio de uma "geórgica da mente" capaz de "submeter, pôr em prática e acomodar a vontade do homem" às normas e valores da moral: "a natureza no homem redunda em hortaliças ou ervas daninhas: portanto, permita-lhe nas estações propícias irrigar as primeiras e destruir as outras". — Embora a proposta da "geórgica da mente" nunca tenha sido elaborada pelo filósofo, um episódio da sua vida pública revela de forma eloquente como ele parece ter subestimado a dificuldade e os riscos do projeto. Em 1621, no ápice de seu poder e prestígio político, Lord Bacon foi acusado e condenado à prisão pelo Parlamento britânico por ter aceitado em sigilo dezenas de presentes em dinheiro por parte de litigantes em processos legais nos quais ele era magistrado. Ao admitir publicamente a culpa, ele procurou mitigar a pena argumentando que o dinheiro recebido não havia interferido nos veredictos e que era preciso distinguir entre *vitia temporis* ("vícios da época"), dos quais era culpado, e *vitia hominis* ("vícios da pessoa"), dos quais não seria. Seja como for, a sentença definitiva de todo o processo, penso eu, é a que aparece na oração redigida por Bacon na época de seu julgamento e na qual ele manifesta não só o seu arrependimento pelos atos cometidos, mas a convicção de que sua carreira na vida pública havia sido um equívoco — "Minha alma tem sido uma estranha no curso de minha peregrinação".

Instintos e civilização. — O animal humano que a natureza produziu não se resignou à sua condição natural: ele se fez sujeito e objeto da sua própria história. O desenvolvimento da inteligência artificial e da tecnologia da informação, a clonagem e a capacidade de manipular e programar a constituição genética de seres vivos, inclusive da sua própria espécie, são passos recentes nessa milenar jornada. Mas o controle da natureza externa é apenas um lado — o mais tangível — desse processo. Essencialmente ligada a ele está a busca aguerrida e incessante do domínio sobre o psiquismo arcaico do animal humano — nossa natureza interna. "Falando em termos gerais", afirmou Freud, "a nossa civilização está alicerçada na supressão dos instintos." — A ideia da centralidade do antagonismo entre os instintos herdados do nosso passado ancestral, de um lado, e as exigências da moderna civilização ocidental de outro não é uma tese originária da teoria psicanalítica freudiana, apesar de ter sido projetada por ela. No pensamento moderno, as primeiras formulações remontam a filósofos da contracorrente do Iluminismo europeu (nem todos adeptos de uma equivocada nostalgia por um mundo pré-civilizado de fábula e fantasia) como Rousseau, La Mettrie e Diderot. Mas foi só a partir da revolução darwiniana, em meados do século XIX, que os termos do conflito entre instintos e civilização ganharam contornos mais definidos. Como o próprio Darwin começa a se dar conta em suas notas pessoais de trabalho — os "cadernos metafísicos" — redigidas à medida que juntava as peças de sua teoria, a suposta "perversidade" da natureza humana não era fruto de um "pecado original", como no mito judaico-cristão, mas refletia em larga medida o legado, na constituição psíquica da espécie, do nosso passado evolutivo. "Nossa ascendência, portanto", ele concluiu, "é a origem de nossas paixões maléficas!! — O Demônio sob a forma de Primata é o nosso avô!" — A difusão da revolução darwiniana provocou uma profunda reorientação no modo como se passou a conceber o decurso civilizatório. Se o século XVIII cultivava ainda como referência uma "ordem natural" a ser reverenciada pela razão e acatada como guia ou modelo para as leis e instituições que deveriam balizar a convivência civilizada, o século XIX fará da natureza — na dupla acepção do termo — o objeto privilegiado *contra* o qual se insurge e se afirma o ordenamento civilizatório. É sugestivo observar que em relação a essa radical guinada estão em perfeito acordo as duas principais correntes ideológicas rivais nascidas no período — o liberalismo inglês e o marxismo alemão. — No ensaio "Natureza", por exemplo, Mill opõe civilização e natureza como polos antitéticos — "todo elogio da civilização ou da técnica ou do engenho é na mesma medida menosprezo da natureza, o reconhecimento de uma imperfeição que é tarefa e mérito humano estar sempre buscando corrigir ou mitigar" — antes de imputar um papel puramente negativo aos instintos no processo civilizacional: "Admitindo como instinto tudo aquilo que alguém tenha afirmado que o seja, continua sendo verdade que quase todo atributo respeitável da humanidade é o resultado, não do instinto, mas de *uma vitória sobre o instinto*, e que não existe virtualmente nada de valioso no homem natural exceto suas capacidades". De forma análoga Engels, servindo-se de tons pelo menos tão carregados quanto os de seu oponente liberal, antecipará o dia — próximo talvez, segundo sua expectativa — em que a humanidade finalmente se desvencilhará do jugo da sua constituição animal: "Somente a organização consciente da atividade social com a produção e distribuição planejadas poderão dar ao homem sua liberdade social e *libertá-lo dos remanescentes da sua animalidade*, assim como a própria produção lhe deu a sua liberdade biológica". (Essa atitude, como tantas coisas no marxismo, remonta a Hegel: em sua *Filosofia da história*, o filósofo teutônico sustentava que, embora em si condenável, a condição moral do escravo, inserido já no mundo do trabalho organizado, era *superior* à do selvagem africano, entregue a uma existência "meramente sensual" e imerso ainda na "noite da natureza".) — É difícil avaliar o efeito prático, se é que há algum, dessas ideias; como estudioso, tendo a crer que sua influência sobre as ações humanas no mundo real é equivalente à de um feriado cristão na vida de um inseto. Isso não diminui, porém, a sua relevância como expressão ou sintoma de um problema genuíno: a realidade de uma civilização em guerra com os elementos arcaicos da nossa natureza e com todos os aspectos da alma humana que se mostram renitentes aos ditames, alvarás e ordens régias da razão. O liberalismo e o socialismo, não obstante seus diversos matizes e genuínas diferenças ideológicas, são tributários de uma mesma tradição racionalista que se notabiliza por subestimar enormemente a extensão e o caráter indomável das áreas de não racionalidade na vida psíquica do animal humano. A arrogância dessa postura — à qual está intimamente associado o desprezo pelas culturas não europeias pautadas por outros princípios e valores

— não fica em nada a dever à atitude predatória e à voragem com que as sociedades ocidentais sempre exploraram e pilharam o patrimônio ambiental da humanidade.

90

Variação sobre um tema de Diderot. — Querem saber a história abreviada de quase todo o mal-estar na civilização? Ei-la: a evolução produziu o animal homem. No âmago desse homem, entretanto, foi se instalando um inquilino altivo, exigente e dado à hipocrisia e ao autoengano: o homem civilizado. As rusgas foram crescendo, o conflito escalou, mas nenhum dos dois é forte o bastante para aniquilar o outro. E assim brotou no interior da caverna uma guerra civil que se prolonga por toda a vida.

91

Instintos e descivilização. — Quão robusta é a ordem civilizada ocidental? A julgar pelo século XX, e mesmo sem levar em conta as duas guerras mundiais, talvez menos do que pareça. O padrão é conhecido: situações de conflito armado, cataclismos naturais e colapso econômico agudo — como, por exemplo, a hiperinflação alemã no início dos anos 1920; o blecaute que atingiu Nova York no outono de 1965; a guerra civil iugoslava da década de 1990; ou a passagem do furacão Katrina por New Orleans em meados de 2005 — revelam a fragilidade da fina superfície de civilidade e decoro sobre a qual assenta

a nossa civilização. Sob o impacto do abalo provocado por desastres como esses, o comportamento das pessoas sofre uma drástica mutação: enquanto alguns, em geral poucos, agem de forma solidária e até mesmo heroica, a maior parte da população atingida regride a um estado de violência e selvageria no qual a lógica do "salve-se quem puder" deságua na rápida escalada dos furtos, assaltos, saques, crimes, estupros e vandalismo. Quase que num piscar de olhos, o cordato cidadão civilizado — "casado, fútil, cotidiano e tributável" — se transforma em besta feroz, capaz das piores atrocidades.
— Como entender o perturbador fenômeno? A interpretação usual propõe o modelo hobbesiano. O ser humano no fundo é um animal selvagem e terrível. Remova os sustentáculos elementares da ordem civilizada; dispa a camisa de força social; suspenda, ainda que brevemente, a vigilância e a ameaça de punição aos infratores do código legal, e, em pouco tempo, retrocedemos ao "estado natural hobbesiano" e à "guerra de todos contra todos". O civilizado sem a máscara da civilidade não é outro senão o animal humano em sua versão nativa, sem amarras nem recalques, como que de volta à selva e aos estágios da evolução em que as faculdades de inibição erguidas ao longo do processo civilizatório dormiam ainda no embrião da mente. Os episódios de regressão à barbárie seriam, em suma, o psiquismo arcaico do animal humano posto a nu.
— O modelo hobbesiano poderia ser tomado como plausível, não fosse uma falha capital do argumento. Que a regressão à barbárie revele alguma coisa do nosso psiquismo arcaico não há por que duvidar. Mas o que vem à tona no caso não é o "estado de natureza" do mundo pré-civilizado ou o animal homem tal como a evolução o teria produzido — o que

vem à tona é o bicho-homem *descivilizado*, ou seja, o civilizado que se vê repentinamente fora da jaula e apto a dar livre curso aos impulsos e instintos naturais tolhidos e asfixiados pela ordem civilizada. O descivilizado é o civilizado à solta: livre das amarras e restrições da vida comum, mas portador de um psiquismo arcaico que foi pesadamente macerado e em larga medida deformado pela renúncia instintual imposta pelo processo civilizatório. A ferocidade que tomou conta dos conquistadores europeus no Novo Mundo e o surto de bestialidade fascista que varreu a Europa no século passado são exemplos extremos dessa realidade. O equívoco do modelo hobbesiano é confundir o homem descivilizado feito lobo do homem — ávido de desafogo e revide contra tudo e contra todos — com um suposto estado primitivo ou de pura natureza do animal humano. — "Você pode expelir a natureza com um varapau pontiagudo", adverte Horácio, "mas ela sempre retornará." A verdade do poeta, "nem o fogo, nem o ferro, nem o tempo devorador poderão abolir". Mas à luz do exposto acima não seria talvez de todo impróprio emendar: a natureza expelida não sai ilesa — ela traz em seu retorno as marcas e as feridas da violenta expulsão.

92

Ser e parecer. — "Eles falam mal de mim?", reflete o filósofo estoico e ex-escravo grego Epicteto, "ah! se eles me conhecessem como eu me conheço!" — e um idêntico reparo, vale dizer, em nada perderia a sua irrecusável pertinência caso estivessem falando *bem*. Nas relações pessoais de amor e amizade não menos que no mundo do trabalho e na vida pública, há sempre mais coisas fluindo pela nossa mente do que estamos dispostos — ou até mesmo estaríamos aptos, se porventura tentássemos — a expressar (daí a boutade voltairiana segundo a qual "os homens inventaram a linguagem com o intuito de ocultar seus pensamentos"). A perspicaz provocação feita pelo Buda aos seus seguidores no século v a.C. — "Deixem que seus pecados apareçam e escondam suas virtudes" — é índice da universalidade do fenômeno. — Mas, embora em certa medida indissociável da vida em sociedade, o exercício da arte de exibir e ocultar da consciência alheia o que somos e o que nos vai pela mente varia enormemente — em teor e intensidade — nas diferentes culturas. Falando em termos gerais, o padrão dessas variações parece obedecer a uma relação básica: quanto maior o grau de exigência e o artificialismo das interdições e convenções morais, maior também tenderá a ser o hiato ou descolamento entre o *ser* e o *parecer* na vida prática, ou seja, entre aquilo que efetivamente pensamos, desejamos e sentimos, de um lado, e aquilo que facultamos transparecer socialmente — nossa persona pública — de outro. A pantomima social cobra das pessoas uma astúcia e uma disciplina que não estão na natureza delas e, como apontou certa feita Kant seguindo as pegadas de Rousseau: "quanto mais civilizados se tornam os homens, mais eles se tornam atores; eles desejam montar uma cena e fabricar uma ilusão". E pior: o hábito continuado da máscara externa com frequência se transmuta em máscara interna, pois "estamos tão acostumados a nos ocultar dos outros que terminamos nos ocultando de nós mesmos", como lembra o grande mestre no assunto que foi

François VI, o Duque de La Rochefoucauld. Falsidade afora, falsidade adentro: a hipocrisia é a antessala do autoengano.

93

Fidúcia indumentária. — Em dezembro de 2010, a direção do banco de investimento suíço UBS fez chegar aos seus funcionários em mais de cinquenta países uma brochura de 43 páginas contendo o código de vestuário da organização. As mulheres foram orientadas a sempre usar roupa de baixo, calcinha e sutiã, preferencialmente da cor da pele para não chamar atenção; a evitar esmaltes de cores escuras; e a não deixar mais de dois botões da blusa desabotoados na altura do pescoço. Os homens, por sua vez, deveriam vestir ternos nas cores preta, azul-marinho e cinza, meias de cano alto (sem figuras berrantes ou personagens de quadrinhos) a fim de evitar que a canela ficasse exposta, e cortar o cabelo pelo menos uma vez por mês, além de não usar brincos ou barba vistosa. A tentativa do banco suíço de formalizar num documento o acordo tácito vigente no mundo da alta finança internacional custou caro — a onda de escárnio e ridículo chegou a tal ponto que o código foi drasticamente atenuado poucos meses após a divulgação.

94

Triplicidade. — Ser um para cada outro, ser outro para si mesmo e afinal não ser nem um nem outro. Quem é quem é?

A utopia da destruição da privacidade. — O fabular utópico figura como a mais antiga forma de reflexão política — e não só na cultura ocidental europeia. A miragem da "terra sem mal" (*Ivy marã-e'yma*) sonhada e perseguida pelos tupis-guaranis desde muito antes da chegada de portugueses e missionários cristãos ao Novo Mundo; a República ideal de Platão e a sua revisão crítica na *Política* de Aristóteles; a visão de um mundo justo, pacífico e harmonioso sintetizada nos conceitos chineses de *datong* ("Grande União") e *taiping* ("Grande Igualdade"); e a comunidade ideal islâmica concebida pelo erudito medieval persa al-Farabi em *A cidade virtuosa* ilustram, entre outros exemplos, a ubiquidade da esperança de algo melhor no futuro. — Mas foi somente em 1516, com a publicação da *Utopia* do humanista inglês Thomas More, que o gênero adquiriu o nome que o consagrou. More cunhou o termo "utopia" fundindo o advérbio grego "ou" ("não") com o substantivo grego "topos" ("lugar") e dando a ele uma terminação latina ("ia": sufixo toponímico, como em "Amazônia"). O "não lugar" descrito na *Utopia* era uma ilha recém-descoberta no Atlântico Sul (possivelmente na feitoria de Cabo Frio, no litoral brasileiro, uma vez que o narrador fictício da obra, de nacionalidade portuguesa, teria sido um dos 24 homens deixados por Américo Vespúcio no Novo Mundo em sua quarta expedição ao continente), mas era também a representação detalhada de uma sociedade ideal, como o título completo da obra — *Acerca do melhor estado de uma comunidade e a Nova Ilha da Utopia* — deixa claro. Como os leitores de formação clássica do livro decerto notariam, a própria ambivalência da palavra "utopia" sem dúvida recomendava esta segunda acepção: o termo "eutopia" (grego *eu*: "feliz; afortunado" + *topos*: "lugar") é praticamente indistinto de "utopia" no inglês falado. — A eutopia ("lugar feliz") da Ilha da Utopia fabulada por More incorporava valores e instituições amplamente reconhecidos como legítimos e desejáveis aos nossos olhos: a tolerância religiosa; a igualdade entre os sexos na educação e de todos perante a lei; a redução da jornada de trabalho para seis horas diárias; a eutanásia dos doentes terminais; e a condenação da caça e da crueldade para com os animais. Ao mesmo tempo, porém, o modo de vida dos afortunados ilhéus contemplava aspectos menos enaltecedores: todos os habitantes da ilha se vestem de forma idêntica e moram em casas iguais em cidades iguais; todos despertam às quatro da manhã a fim de assistir a palestras acadêmicas; todos atendem ao sinal de trombetas e se dirigem aos refeitórios comunitários onde se alimentam enquanto ouvem preleções edificantes; ninguém viaja sem autorização do magistrado local ou faz um passeio no campo sem a permissão do cônjuge (ou dos pais); a discussão política fora do senado e da assembleia popular é punida como um crime capital; e todos se deitam pontualmente às oito da noite para um merecido repouso. O fulcro da eutopia igualitária de More era a erradicação da *paixão do orgulho* — "a praga primordial e geratriz de todas as outras": um sentimento oriundo da hierarquia de classe e sancionado pelo privilégio do berço e da riqueza. Com a abolição da propriedade privada e do dinheiro (daí o emprego do ouro na feitura de bacias, talheres e penicos), a praga do orgulho social fora banida das relações entre os homens e a virtude e a prática do bem se afirmavam como as únicas e legítimas fontes de apreço, estima e prestígio diferencial entre os cidadãos. A estabilidade desse arranjo socioeconômico, todavia, demandava um formidável aparato de vigilância e controle por meio do qual "cada um, continuamente exposto ao olhar de todos, sente-se na feliz contingência de trabalhar e repousar conforme as leis e os costumes do país". Na Ilha da Utopia, afirma o narrador, "não existe em parte alguma ocasião para a ociosidade nem pretexto para a preguiça, nem tabernas, cervejarias ou prostíbulos e focos de corrupção, nem esconderijos e reuniões secretas, pois o fato de estar cada qual sob vigilância dos demais os obriga sem escusa a um trabalho diário ou a um honesto repouso". — O ideal da virtude garantida por uma vigilância onipresente tem uma linhagem definida na história das utopias. Já Platão, nas *Leis* (uma obra tardia de filosofia política aplicada), defendia a adoção desse expediente visando garantir a "saúde moral" dos cidadãos: "o principal é que ninguém, homem ou mulher, jamais fique sem um funcionário oficial que o supervisione, e que ninguém adquira o hábito mental de dar nenhum passo, seja a sério seja jocosamente, por iniciativa própria [...] trata-se, em suma, de adestrar a mente para que ela nem mesmo conceba a possibilidade de agir individualmente ou saiba como fazê-lo". E Rousseau, na mesma linha, declara que, "se eu tivesse de escolher o meu lugar de nascimento, teria escolhido uma república em que todos se conhecessem uns aos outros, de modo que nem as táticas obscuras do vício nem a modesta virtude pudessem se evadir do escrutínio e julgamento públicos". — A eutopia de alguns pode ser a distopia de outros. A recorrência da vigilância de todos sobre todos não deixa de antecipar a seu modo, com o sinal trocado, o pesadelo orwelliano de um mundo em que o "big brother" tecnopolítico se encarrega de assegurar que ninguém mais tenha em sua vida condutas e sentimentos privados em relação aos quais precise fingir ou mentir. Mas por que, afinal, o pavor-pânico da liberdade e do indivíduo com suas excentricidades, saliências, taras e fantasias — do indivíduo como "um luxo não autorizado da natureza"? O propósito de fixar os costumes nas coisas grandes e pequenas e de reger em detalhe a vida cotidiana tem um alvo comum: a domesticação do animal humano e a sujeição de todos os aspectos insubmissos, impulsivos e desatinados da mente a um código exigente de conduta moral. O inimigo mortal do ideal platônico-cristão de virtude é o psiquismo arcaico — os instintos torturados e amordaçados, mas sempre à espreita — no subsolo da alma civilizada.

96

Concupiscentia carnis. — O desprezo e a mortificação da carne estão no cerne da religião que fez de um instrumento de tortura romano — a cruz — o seu símbolo-mor. Jesus Cristo, o filho de Deus, veio ao mundo do ventre de uma virgem e o seu corpo, embora humano na fome e na dor, jamais foi tocado pela mácula do desejo. Quando Jesus condenou o divórcio com palavras duras, como relata o evangelista Mateus, alegando que, "se um homem se divorcia da sua esposa por qualquer motivo, exceto relações sexuais ilícitas, e se casa com outra, ele comete adultério", e os discípulos reagiram — "Mas, se é assim para um marido com sua esposa, é melhor não casar" —, o Nazareno então respondeu: "Este é um caminho que nem todos conseguem aceitar, mas só aqueles a quem Deus concedeu tal capacidade". Na escala cristã da virtude, a virgindade e o celibato (como tem sido a praxe no clero católico, *em tese*, nos últimos dezessete séculos) ocupam o topo do pódio; um degrau abaixo figura o casamento sem sexo ou com finalidade exclusivamente procriadora; em seguida vem a prática do ato genitor, porém acompanhado de culposa volúpia; e, por fim, rompendo em definitivo a linha do pecado e incorrendo na ira de Deus, a fornicação conjugal tendo em vista a luxúria e o puro prazer. Como adverte São Jerônimo aos devotos que abdicaram da "coroa triunfal da castidade": "Quem é ardoroso em demasia ao amar sua esposa é também um adúltero. [...] Nada é tão vil quanto amar a própria esposa como se ela fosse uma amante". — Ciente da força e do poder subversivo da tentação sexual, a ética cristã não se contenta em apenas zelar pelo acato da lei, ao modo dos fariseus: ela se embrenha em território inimigo e se esforça por todos os meios na missão de subjugar os sentimentos íntimos de cada um e erradicar o desejo. O pecado não se restringe à ação cometida, mas decorre do simples despertar da cobiça ou delito virtual na alma, como o "Sermão da Montanha" enfatiza: "Mas eu digo: qualquer um que olhar para uma mulher e desejá-la, já cometeu adultério com ela no seu coração. Se o seu olho direito o fizer pecar, arranque-o e lance-o fora: é melhor perder uma parte do seu corpo do que ser todo ele lançado no inferno". Fresta da alma, porta do pecado: "existe criatura mais perversa que o olho?", indaga o autor do Eclesiástico, "eis por que está sempre a chorar". — Mas coube a São Paulo, com a sagacidade digna de um Lênin do cristianismo, a descoberta de que o casamento monogâmico, longe de ser um desvio do ideal da castidade ou uma ameaça, era na prática o melhor aliado da Igreja na guerra contra a concupiscência carnal. Pois, ao constatar a fragilidade do voto de castidade na maioria das pessoas que se dispõem a praticá-la, especialmente — embora não apenas — quando são jovens; e ao verificar como a abstinência sexual prolongada atiçava a libido e insuflava "a tentação de imoralidade", o apóstolo se deu conta de que o casamento nos moldes cristãos funcionava como um poderoso antídoto contra o desejo ou uma espécie de bridão do mal maior da lascívia e da promiscuidade. Não era pecado para um jovem cheio de ardor contrair uma união conjugal monogâmica e indissolúvel: "pois é melhor casar do que estar incendiado de paixão". O risco da concupiscência nupcial nos primeiros arrebatamentos do conúbio era um preço a ser pago, mas a natural monotonia decorrente de um vínculo matrimonial prolongado e exclusivo se encarregaria do restante. O triunfo da castidade sobre os desmandos da luxúria era uma questão de tempo: monogamia = monotonia. — "Fogo e chamas por um ano; cinzas por trinta", resumiu o escritor siciliano Lampedusa acerca da dinâmica sexual de grande parte dos casamentos; ou, como radicaliza Lord Byron à luz do seu desastre matrimonial, "o casamento sai do amor como o vinagre do vinho". Não deixa de ser sintomático, a esse respeito, que uma expressão idiomática do inglês se refira ao ato de se casar como "to tie the knot" ("atar o nó") e que a palavra espanhola "esposas" signifique ao mesmo tempo "cônjuges" e "algemas".

97

Paradoxo do cristianismo. — É um fato da vida: a abstinência alimentar prolongada mata o organismo mas a sexual não, ainda que procriar seja um pressuposto incontornável da sobrevivência de qualquer espécie. Em 21 séculos de fustigo e demonização do sexo o cristianismo não logrou impor-se nem se desfazer. Quais foram os efeitos dessa milenar cruzada? Entre as labirínticas consequências do bombardeio cristão, duas talvez mereçam destaque. A primeira é o envenenamento de tudo que se relaciona à prática do sexo e à excitação de natureza sexual na consciência dos que se educaram e viveram à sombra dessa pregação. Da nudez ao toque de pele e do aflorar do desejo ao devaneio lúbrico, o cânone da virtude impossível perpetua no crente o desgosto consigo e a culpa. Ao taxar de impuro o pressuposto da nossa existência e lançar lodo sobre ele; e ao condenar o pecador ao suplício eterno de arder "no inferno onde o verme não morre e o fogo não se apaga", o cristianismo travestiu um fato essencial e inalienável da natureza humana em fonte permanente de tormento, culpa e miséria interior. As implicações dessa enormidade seguramente não se desfazem, como por encanto, num curto intervalo de tempo; elas se mantêm vivas e atuantes no mundo moderno, não obstante o processo de descompressão moral das últimas décadas. — A segunda consequência é não só decorrência direta da primeira, mas de certo modo o avesso dela. Desde o mito da queda e da expulsão do paraíso, o cristianismo trouxe a sexualidade para o coração da sua doutrina e promessa de redenção. Porém, o efeito final da cruzada parece ter sido não o esperado declínio ou supressão do sexo do rol das preocupações humanas, mas justamente o seu oposto: a inusitada centralidade que as coisas relacionadas a sexo e erotismo acabaram adquirindo na cultura ocidental moderna. A proibição atiça o desejo; a censura aviva a curiosidade; a restrição da oferta inflama a demanda. Assim como alguém faminto fica naturalmente obcecado por comida e um doente só pensa em voltar à saúde, a negação sistemática e prolongada das pulsões sexuais no cristianismo parece ter incitado uma exacerbada — e não raro mórbida e aviltada, como na demanda explosiva por pornografia e escândalos sexuais de "celebridades" na internet — obsessão pelo tema. A ubiquidade do apelo a imagens, fantasias e associações de cunho erótico-sexual na publicidade e nos produtos da indústria cultural é sugestiva: terá existido em alguma quadra da história uma cultura não cristã que tenha levado o interesse por sexo a um tal paroxismo? — É difícil decidir se nossa época se caracteriza pelo excesso ou pela míngua de inibições — a escalada do controle social e do politicamente correto parece caminhar pari passu com a audácia do despudor. Uma coisa, entretanto, é bem clara: a descompressão moral e a liberalização em curso têm trazido à tona e exibido a céu aberto sinais inconfundíveis de uma longa, tenebrosa e deformadora experiência de asfixia cristã. A supervalorização do sexo em relação à amizade é um desses sinais.

98

Princípios de sociobiologia calvinista. — O cortejador exibe suas posses; a cortejada entremostra os seus dotes. Contato visual, trocas verbais, primeiro toque de pele, beijo e coito. No contrato implícito do pacto conjugal o macho provedor entra com a proteína e a proteção da prole enquanto a fêmea entrega como contrapartida a sua fertilidade e a garantia — ou promessa — de fidelidade: os homens dão amor em troca de sexo ao passo que as mulheres dão sexo em troca de amor. O calcanhar de aquiles masculino é o feitiço da atração fatal e a teia de penélope feminina é o engendrar do vínculo e da intimidade emocional. Os machos maximizam a quantidade, sujeita a restrições, enquanto as fêmeas selecionam tendo em vista a qualidade (com direito a secretíssimos affaires em casos reconhecidamente especiais). O critério de sucesso é a produtividade medida na escala da reprodução genética vitoriosa. *A good marriage is a good investment.*

99

A crise da ecologia psíquica. — O mundo é infinitamente complexo. Todo ato, por mais simples, extrapola em muito a intenção de quem o pratica; ao acender uma lâmpada ou abrir a torneira, por exemplo, eu não só gero o efeito local pretendido, mas aciono uma vasta e intrincada cadeia de eventos cujas ramificações se alastram, para a frente e para trás, numa miríade de outros efeitos e desdobramentos. A crise ecológica é o resultado conjunto — imprevisto e indesejado — de uma infinidade de ações motivadas por escolhas e desejos que, na sua origem, nada têm a ver com o problema criado: a fumaça tóxica das usinas chinesas movidas a carvão russo ilegalmente produzido torna-se a chuva ácida e o câncer pulmonar dos coreanos; os gases emitidos por carros americanos movidos a petróleo venezuelano aceleram o derretimento das geleiras groenlandesas que provoca a elevação do nível dos oceanos. A interdependência dos fenômenos ecológicos ignora as convenções da geopolítica. — A conjectura de uma *crise da ecologia psíquica* é a tese de que a degradação do mundo natural que nos cerca tem um correlato em nosso mundo interno. "Desejo sem ação gera pestilência." O psiquismo arcaico do animal humano — uma herança, como o nosso corpo, do ambiente evolutivo da espécie — não aceita de bom grado as exigências e interdições da vida civilizada. Assim como o metabolismo entre sociedade e natureza no mundo moderno produziu a crise ambiental, de igual modo a nossa natureza interna vem sofrendo as consequências inadvertidas e perversas de uma civilização em guerra com as pulsões instintivas e indomadas da mente e calcada no ideal da desanimalização da humanidade. A crise da ecologia psíquica é fruto da severidade da renúncia instintual imposta por um processo civilizatório agressivamente calculista e cerebral: uma forma de vida em que a convenção, o artifício e a hipocrisia permeiam os vínculos erótico-afetivos enquanto a competição feroz, a ansiedade e a ambição irrestrita dominam o mundo da produção e consumo. — Mas, se é verdade que algo nas profundezas da alma humana — no nosso mais remoto psiquismo — está sendo agredido e aviltado pelo processo civilizatório, quais seriam as evidências disso? Seria precipitado alegar que a conjectura tem uma base empírica conclusiva, mas alguns fatos relevantes sugerem que algo semelhante possa estar de fato ocorrendo. Nos países de alta renda per capita, *uma em cada cinco* pessoas em idade de trabalho sofre de algum tipo de distúrbio mental a cada ano, sendo aproximadamente 25% delas acometidas por quadros severos, como esquizofrenia e transtorno bipolar, e o restante por doenças menos debilitadoras como depressão, ansiedade, estresse pós-traumático e transtorno de déficit de atenção (diagnosticado em cerca de 17% dos meninos estadunidenses até dez anos contra menos de 5% no resto do mundo). Entre a população abaixo de setenta anos, a soma dos anos de vida perdidos por morte prematura e invalidez (*disability-adjusted life years*) causada por doenças mentais atinge 17,4 anos, contra 15,9 para o câncer e 14,8 para moléstias cardiovasculares. Os suicídios superam as mortes causadas por acidentes em estradas nos Estados Unidos, Alemanha e Inglaterra. "Nas sociedades ocidentais", resume um estudo recente, "a depressão e a ansiedade são responsáveis por mais infelicidade [*misery*] do que as doenças físicas e por muito mais infelicidade do que a oriunda da pobreza e do desemprego." As irrupções recorrentes de atos violentos praticados sem motivação aparente e a explosão da demanda por drogas legais e ilegais — antidepressivos (consumidos por cerca de 10% dos estadunidenses), ansiolíticos, soníferos, narcóticos, estimulantes e substâncias psicoativas — são outras tantas evidências de que o mundo moderno possivelmente padece de uma degradação do ambiente psicossocial análoga à devastação do ambiente físico. — A encíclica *Laudato si'* do papa Francisco — uma bela e bem-vinda contribuição da Igreja católica à causa ambiental — enuncia com exemplar clareza a conjectura da crise da ecologia psíquica: "os desertos externos estão aumentando no mundo porque os desertos internos se tornaram tão vastos". É pena, todavia, que a encíclica não se digne a analisar — ou sequer admitir — a contribuição milionária de 21 séculos de cristianismo, pautados pela mais sistemática e cerrada negação de realidades e pulsões naturais de todo ser humano, na produção dos desertos internos e externos que tomam conta do mundo.

100

Insustentável rudeza. — Quando perguntaram ao então presidente americano George Bush, durante a Conferência da ONU sobre o Meio Ambiente e Desenvolvimento realizada no Rio de Janeiro em junho de 1992, se o padrão de produção e consumo do seu país não seria insustentável em escala planetária, ele sumariamente retorquiu: "*The American way of life is not up for negotiation*". Porém, a única questão relevante no caso talvez não seja saber *se* "o sonho americano" conseguirá manter-se, negociado ou não, mas *até quando*. A natureza interna aos seres humanos, não menos que a externa a toda a humanidade, impõe limites.

Uma página de Octavio Paz. — "A enfermidade do Ocidente, mais do que social e econômica, é moral. É verdade que os problemas econômicos são graves e não foram resolvidos [...]. Também é certo que, apesar da abundância, a pobreza não desapareceu. Vastos grupos — as mulheres, as minorias raciais, religiosas e linguísticas — seguem sendo ou sentindo-se excluídos. Porém, a verdadeira e a mais profunda discórdia está na alma de cada um. O futuro se tornou a região do horror, e o presente se converteu num deserto. As sociedades liberais giram incansavelmente: não avançam, se repetem. Se mudam, não se transfiguram. O hedonismo do Ocidente é a outra face do seu desespero; o seu ceticismo não é uma sabedoria, e sim uma renúncia; o seu niilismo desemboca no suicídio e em formas degradadas de credulidade, como os fanatismos políticos e as quimeras da magia. O lugar vazio deixado pelo cristianismo nas almas modernas não foi ocupado pela filosofia, mas pelas superstições mais grosseiras. Nosso erotismo é uma técnica, não uma arte ou uma paixão. [...] O hedonismo contemporâneo desconhece a temperança: trata-se de um recurso de angustiados e desesperados, uma expressão do niilismo que corrói o Ocidente."
— O comunismo totalitário ruiu e o modelo liberal de mercado espanou. O brado do escritor mexicano, proferido em conferência realizada em Washington em 1978, pode soar como um arroubo solitário ou o alerta lírico de um poeta em meio aos negócios. E seria esse o caso, não fosse o fato de que ele encontra ampla ressonância na própria cultura a que se reporta. Uma enquete feita nos Estados Unidos no final

do século XX trouxe resultados intrigantes. Que imagens alimentam os americanos sobre si mesmos e sobre os valores que regem suas vidas? Por um lado, a crítica: 89% deles consideram a sociedade em que vivem "demasiado preocupada com dinheiro" e 74% julgam que "o materialismo excessivo é um grave problema social"; por outro, entretanto, a maioria desses mesmos americanos assume o seu forte apego ao *American way of life*: 76% afirmam que "ter dinheiro me faz sentir bem comigo mesmo", 74% desejam ganhar mais e 76% concordam que "ter uma bela casa, um carro novo e coisas do gênero" constitui um dos seus mais importantes objetivos de vida. A ampla maioria deles, portanto, não se reconhece nos valores que regem a sua convivência; o tom da cultura — marcado por forte apego ao ganho e aos bens deste mundo — nega a preferência declarada dos que nela vivem e trabalham. Como isso é possível? Afinal, é de indagar: se uma parcela tão expressiva dos estadunidenses crê que o materialismo excessivo é um mal em suas vidas — algo a ser combatido como, digamos, a poluição e o tabagismo —, então por que não mudam de vida? A tensão é clara. Há um conflito entre o motivacional e o valorativo: entre o *desejado* individualmente pela maioria, de um lado, e o que seria *desejável* coletivamente, segundo a maioria, de outro. O sonho de uma existência menos escravizada à dimensão econômica se choca com a realidade da força da motivação econômica em âmbito pessoal. Ambivalência e alienação. Há uma guerra anticolonialista na alma de cada um.

Quarta parte

Fertilidade das utopias. — Na sociedade perfeita — seja o que isso for — não haveria o que mudar. Qualquer mudança concebível só poderia ser para uma situação pior que a existente ou igual a ela. Nada garantiria que os indivíduos fossem plenamente felizes ou sempre alcançassem os seus objetivos. A diferença é que eles encontrariam condições tão boas quanto possível para perseguir seus projetos de vida e jamais poderiam culpar "o sistema" por suas frustrações e fracassos. Quantas racionalizações confortáveis não cairiam por terra! A ideia de perfeição é obviamente ficção humana. Seu grande mérito — como é o caso das utopias em geral — é servir como um contraste que inspire e permita realçar com tintas fortes a distância entre *o que somos* e o que *aspiramos a ser*: o ideal é uma arma com a qual se desnuda um mundo errado, injusto e opressivo. — Na prática, é claro, nada que é humano será perfeito, a começar pelo próprio pensamento utópico. Duas verdades medem forças. De um lado, está o princípio de realidade: se o sonho ignorar os limites do possível, ele se torna quixotesco (ou pior): um ideal de vida pessoal ou coletivo, seja qual for o seu conteúdo, precisa estar lastreado numa avaliação realista das circunstâncias e restrições existentes. Ocorre, porém, que a realidade objetiva não é *toda a realidade*. A vida dos povos, não menos que a dos indivíduos, é vivida em larga medida na imaginação. A capacidade de sonho e o desejo de mudar fertilizam o real, expandem as fronteiras do possível e reembaralham as cartas do provável. Quando a vontade de mudança e a criação do novo estão em jogo, resignar-se a um covarde e defensivo realismo — "uma aceitação maior de tudo" — é condenar-se ao passado e à repetição medíocre (ou pior). Se o sonho descuidado do real é vazio, o real desprovido de sonho é deserto. No universo das relações humanas, o futuro responde à força e à ousadia do nosso querer. O desejo move.

103

Trópicos utópicos. — No desconcerto plural do mundo civilizado descortinar a pauta, o chamado e o vislumbre de uma utopia brasileira no concerto das nações.

104

Vidas paralelas. — O Novo Mundo foi palco da mais colossal e ousada experiência de transculturação da história universal. Dois povos situados no extremo ocidente europeu — habitantes de uma península e de uma ilha — assenhorearam-se das terras de ultramar recém-descobertas e se lançaram à aventura da ocupação, desbravamento e exploração do continente. As biografias paralelas das duas Américas — a ibérica e a anglo-saxônica — guardam semelhanças e contrastes. Nos dois casos a colonização envolveu a conquista e brutal subjugação — quando não extermínio — dos povos e culturas nativas, bem como a importação em larga escala de milhões de escravos transplantados à força do continente africano para o trabalho cativo nas fazendas e casas senhoriais; tentativas de invasão por parte de nações rivais europeias, especialmente franceses e holandeses, foram rechaçadas com sucesso pelas metrópoles reinantes; e ambas as metades do continente alcançaram a sua independência política entre o final do século XVIII e o início do XIX, enquanto a Europa vivia os traumas e turbulências da "dupla revolução" (industrial e francesa) e das guerras napoleônicas. Os diversos países que emergiram desse processo conseguiram preservar a sua soberania formal e criar um forte senso de nacionalidade. — Contudo, as diferenças e contrastes não são menos salientes. Desde os tempos coloniais, as trajetórias econômicas, sociais e culturais das duas Américas distanciaram-se de forma acentuada. As raízes da bifurcação remontam às fantasias e mitos que primeiro animaram a vinda dos imigrantes europeus ao continente, como retrata com mestria Sérgio Buarque de Holanda em *Visão do paraíso*: "Se os primeiros colonos da América Inglesa vinham movidos pelo afã de construir, vencendo o rigor do deserto e da selva,* uma comunidade abençoada, isenta das opressões religiosas e civis por eles padecidas em sua terra de origem, e onde enfim se realizaria o puro ideal evangélico, os da América Latina se deixavam atrair pela esperança de achar em suas conquistas um paraíso feito de riqueza mundanal e beatitude celestial, que a eles se ofereceria sem reclamar labor maior, mas sim como um dom gratuito". — O desenrolar desse enredo na história das duas Américas em larga medida consolidou e amplificou a

---

* A expressão "deserto e selva" designa aqui o vocábulo bíblico cuja tradução para o inglês é *wilderness* ("terra inabitada e inóspita").

divergência da origem. A Ibero-América e a Anglo-América são herdeiras de duas variantes distintas da civilização europeia: duas culturas polares e até certo ponto antagônicas que disputaram a supremacia geopolítica e espiritual do mundo a partir dos albores da Renascença e da era dos descobrimentos nos séculos XVI e XVII. Falando em termos gerais, pode-se dizer que as Américas do Sul e do Norte refletem e projetam *a seu modo*, como num grande espelho transatlântico, as diferenças religiosas, culturais e institucionais entre a face ibérica e a face anglo-saxã do Velho Mundo. O contraste não se reduz à dimensão geopolítica e econômica da aventura colonial, mas abrange um nítido e essencial antagonismo no que tange aos valores e às crenças dominantes — às formas de vida e sensibilidade — das metrópoles rivais. De um lado, a Contrarreforma católica, com forte acento jesuítico, missionário e inquisitorial; o apego à escolástica medieval acoplado à resistência aos ventos, métodos e ideais iluministas; a Coroa absolutista centralizadora e burocrática; e o mercantilismo parasita de uma elite *rentier*. E, de outro, a Reforma protestante, com forte acento puritano e calvinista ("entre as coisas desta vida, o trabalho é o que mais assemelha o homem a Deus"); a vigorosa adesão ao projeto iluminista da ciência e da tecnologia a serviço do resgate da condição humana por meio do domínio da natureza e da ação racional; a monarquia constitucional; e o primado do mercado competitivo e da livre empresa como instrumentos da eficiência econômica e da acumulação de capital. O tempo, sabemos, foi cruel com as pretensões do mundo ibérico. Entre os sinais do ocaso peninsular e ascenso britânico, nenhum mais emblemático talvez do que a improvisada fuga da Coroa portuguesa para o Vice-Reino do Brasil, às vésperas da invasão napoleônica em 1808, sob a tutela e escolta da marinha real inglesa. — A história, porém, é trocista. No devido tempo a Pax Britannica deu lugar à supremacia mundial da sua ex-colônia ultramar, e mais: desde o final da Guerra Fria e do colapso do império soviético, a torrente da globalização originária da expansão colonial europeia na era dos descobrimentos passou a fluir assoladoramente no sentido oposto. No século XXI, é o Velho Mundo que luta para sobreviver ao avanço do *American way of life*, como adverte, entre outros, o estudioso de literatura comparada George Steiner em *A ideia de Europa*: "Nada ameaça de forma mais radical a Europa — 'em suas raízes' — do que a maré exponencial e detergente do anglo-americanismo e dos valores uniformes e imagem do mundo que este devorador esperanto traz consigo; das boates portuguesas aos balcões de fast-food em Vladivostok, o computador e a cultura do populismo e do mercado de massas falam anglo-americano. A Europa perecerá de fato se não lutar por seus idiomas, tradições locais e autonomias sociais". Os meios empregados são outros, mas os efeitos se equivalem. O fluxo da transculturação virou e extravasou. E assim o Cartoon Network chegou ao Nepal.

105

The American dream. — Ao contrário dos países do Velho Mundo e dos povos hispano-americanos com robustas e milenares culturas pré-colombianas, os Estados Unidos foram um credo e um projeto — formalizados pela Declaração de Independência de 1776 e pela Constituição de 1789 — antes de serem propriamente uma nação. A nascente república estadunidense não se definia por um passado comum ou por raízes compartilhadas, mas pela visão prospectiva de uma sociedade ideal — pelo que *aspiravam a ser*. Embora latente desde sempre na cultura americana, a expressão "sonho americano" demorou a nascer. Curiosamente, foi só em 1931 — no início, portanto, da Grande Depressão — que ela veio ao mundo letrado pelas mãos do historiador James Truslow Adams, no epílogo de um livro de divulgação intitulado *O épico da América* (a sugestão do autor de que a obra se chamasse "O sonho americano" foi descartada pela editora, temerosa de que isso pudesse deprimir as vendas). Ao cunhar a expressão, Adams definiu-a como "o sonho de uma ordem social na qual cada homem e cada mulher estejam aptos a alcançar a mais plena estatura de que são congenitamente capazes, e a serem reconhecidos pelos demais por aquilo que são, independentemente das circunstâncias fortuitas de berço ou posição social". Nos Estados Unidos, ele acrescentou, esse sonho "tem se realizado de forma mais plena na vida real do que em qualquer outro lugar, embora muito imperfeitamente mesmo entre nós". — Palavras nobres, mas ocas. A omissão de Adams ao identificar o que via como os principais entraves à plena realização do "sonho americano" pareceria pouco menos que espantosa, não fosse ela tão característica do *mainstream* do pensamento americano em sua época — e não só nela. Pois ele critica as deficiências do sistema educacional; ataca a desigualdade na distribuição de renda;

investe contra a idolatria do dinheiro e do poder; condena o consumismo irrefreado dos seus conterrâneos, mas permanece absolutamente cego à mais grave injustiça da sociedade em que vivia: a segregação racial que condenava 12 milhões de negro-mestiços — cerca de 10% da população do país — a uma existência apartada, como infracidadãos, humilhados e marginalizados pelo estigma do *one drop rule*, ou seja, uma gota que seja de sangue negro nas veias. A segregação racial nos Estados Unidos dividia-se em três modalidades. Havia o apartheid de jure, ou seja, codificado em lei nos estados sulinos (obrigando à separação física entre caucasianos e negro-mestiços nas escolas, hospitais, meios de transporte, restaurantes, bares e hotéis e incluindo a proibição de casamentos interétnicos em dezesseis desses estados até 1967); o apartheid de facto — a segregação não codificada mas não menos operante —, vigente nos estados do Norte e envolvendo práticas discriminatórias em áreas como educação, saúde, moradia, acesso a crédito e sindicalização; e, por fim, a segregação em âmbito federal, instituída em 1913 por Woodrow Wilson (de quem Adams foi assessor para Assuntos Externos), com o "branqueamento" da Casa Branca e o apartheid racial nos órgãos de governo e nas forças armadas. — Diante da gravidade da omissão do pai da ideia de um "sonho americano" não há como evitar a suspeita de um sinistro subtexto atrelado à fórmula que o consagrou: "a mais plena estatura de que [cada homem e cada mulher] são congenitamente capazes [*innately capable*]". No *Otelo* sem Iago de Adams, como no credo constitucional de 1789, "*all men are created equal*"; mas alguns são mais iguais que os outros.

Santíssima trindade. — É conhecida a tese de que nas sociedades pré-modernas, como o medievo europeu ou as culturas ameríndias e africanas tradicionais, a religião não tem uma existência à parte das demais esferas da vida, não é um nicho compartimentalizado de devoção e celebração ritual demarcado no tempo e no espaço, mas está integrada à textura do cotidiano comum e permeia todas as instâncias da existência. A separação radical entre o profano e o sagrado — entre o mundo secular regido pela razão, de um lado, e o mundo da fé, regido por opções e afinidades estritamente pessoais, de outro — seria um traço distintivo da moderna cultura ocidental. — Mas será isso mesmo verdade? Até que ponto o mundo moderno teria de fato banido a emoção religiosa da vida prática e confinado a esfera do sagrado ao gueto das preces, contrições e liturgias dominicais? Ou não seria essa compartimentalização, antes, um meio de apaziguar as antigas formas de religiosidade e ajustar as contas com elas ao mesmo tempo em que — e sobretudo — se abre e desobstrui o terreno visando a liberação da vida prática para o culto de outros deuses e de outra fé? A julgar pelo que temos visto no correr dos tempos, penso eu, não parece descabido imaginar que seja esse o caso. No panteão do mundo moderno, três ídolos usurparam o trono dos antigos deuses: o avanço da ciência é o pai; o progresso da tecnologia é o filho; e o crescimento da renda e riqueza é o espírito santo, *amém*. Tudo que é feito em seu nome terá a boa consciência e a certeza do dever cumprido como aliados; e tudo que porventura impeça ou estorve a sua marcha é a princípio suspeito e terá de se explicar no tribunal dos crimes e delitos contra o autoevidente bem geral. O que antes se fazia "em nome da fé" agora se faz "em nome da razão", isto é, em nome da *fé na razão* — ou pelo menos daquilo que se sagrou como razão. — Não se trata, é claro, de negar o valor da ciência, da técnica e do conforto material como conquistas humanas, mas do equívoco de absolutizá-los em relação a outros valores e esperar deles mais do que podem oferecer: a ciência jamais decifrará o hieróglifo do existir; a tecnologia não substitui a ética; e o aumento indefinido da renda e riqueza não nos conduz a vidas mais livres, plenas e dignas de serem vividas, além de pôr em risco o equilíbrio da biosfera. Uma pessoa vivendo abaixo da linha da pobreza nos Estados Unidos, com uma renda de 11 mil dólares por ano (ajustada ao poder de compra da moeda), situa-se entre os 15% mais ricos da população mundial; o cidadão com renda anual de 28 mil dólares (a renda mediana nos Estados Unidos) está entre os 5% mais ricos do planeta — e, provavelmente, sentirá que lhe faltam mais coisas do que é o caso para a maior parte dos 95% restantes. Se "o inferno do inglês é não estar a fazer dinheiro", como observou Thomas Carlyle no século XIX, o que dizer de um americano no século XXI?

A sentença de Goethe. — "Especialistas sem espírito, sensualistas sem coração — e esta nulidade se considera, ainda por cima, o ápice da civilização."

Tempo é dinheiro. — O primeiro relógio mecânico de que se tem registro — um artefato movido pelo escoamento da água sobre uma roda — foi inventado no século VIII por um matemático e monge budista chinês chamado Yi Xing. Mas, quando os missionários jesuítas portugueses introduziram na China, no século XVI, o relógio mecânico acionado por pesos e cordas, a novidade provocou sensação e assombro na corte imperial. Mais do que qualquer outra novidade tecnológica europeia, o aparelho deslumbrou os até então reticentes chineses não só pelo engenho e precisão, mas como fonte de enlevo e contemplação. Os relógios europeus foram recebidos por eles como um convite à meditação sobre o fluxo da existência e tratados como verdadeiros brinquedos metafísicos. Jamais lhes ocorreu, porém, a ideia de tirar proveito daquele dispositivo visando disciplinar a jornada de trabalho ou pautar a circulação da riqueza.

Um idílio chinês do século VIII. — Yüan Chieh, poeta e funcionário da dinastia Tang, apogeu cultural do Império do Meio, é o autor de "Civilização", poema inspirado nos princípios da ética confuciana: "Três mil léguas contadas, rumo ao sudoeste, juntam-se o Yuan e o Hsiang, dois rios caudalosos. Ao fundo o lago e os montes elevados. Gente de corações inocentes: riem-se como meninos, sobem nas árvores. Com as mãos apanham peixes de água doce. Os prazeres dos pássaros e animais são seus prazeres. Não castigam seus corpos, não negam seus desejos. Exauri-me em andanças nas quatro direções: nada nos Nove Reinos vive como eles vivem. Perplexo me detenho devaneando em dúvidas. O que os Sábios e os Santos fizeram de nós?".

110

O primeiro ensaio do Carnaval. — Embora crítico do "índio de tocheiro" e do "índio de lata de goiaba" do arcadismo e do romantismo brasileiros, Oswald de Andrade teve pouco ou nenhum contato direto com a cultura ameríndia; seus índios são fruto da leitura dos relatos de viajantes e documentos da era colonial, além dos antropólogos europeus em voga na época. No conhecido epigrama do *Manifesto antropófago* de 1928 — "Antes dos portugueses descobrirem o Brasil, o Brasil tinha descoberto a felicidade" — não é difícil detectar o eco do relato feito pelo escrivão Pero Vaz de Caminha na carta em que comunica a d. Manuel I, el-rei de Portugal, a descoberta das novas terras em solo sul-americano. Em seu relato, Caminha atesta o caráter pacífico e receptivo dos nativos — "certamente essa gente é boa e de bela simplicidade" — e acusa o sopro de uma felicidade espontânea, sem causa aparente, em que viviam os índios brasileiros, alegres e nus, sem saber o que é culpa ou pecado, alheios aos ditames da fé e da lei. O ponto alto da *Carta*, todavia, é a descrição feita por Caminha de um episódio particularíssimo dos primeiros contatos entre lusos e índios: o exato momento em que, ao se perceberem em margens opostas de um rio, o congraçamento e a dança vencem o medo: "E além do rio andavam muitos deles [indígenas] dançando e folgando, uns diante dos outros, sem se tomarem pelas mãos. E faziam-no bem. Passou-se então para a outra banda do rio Diogo Dias, que fora almoxarife em Sacavém, o qual é homem gracioso e de prazer. E levou consigo um gaiteiro nosso com sua gaita. E meteu-se a dançar com eles, tomando-os pelas mãos; e eles folgavam e riam e andavam com ele muito bem ao som da gaita. Depois de dançarem fez-lhes ali muitas voltas ligeiras, andando no chão, e salto real,* de que eles se espantavam e riam e folgavam muito. E conquanto com aquilo os segurou e afagou muito, tomavam logo uma esquiveza como de animais monteses, e foram-se para cima". — Há quem veja no gesto do ex-almoxarife e seu gaiteiro apenas calculada astúcia de colonizador: um ardil visando aliciar e ludibriar os índios antes de submetê-los à violência do trabalho servil nos corpos e da conversão cristã nas almas. Pode ser. O real motivo da ação nunca será integralmente desvendado. Duvido, contudo, que se possa sumariamente reduzir o impulso de Diogo Dias — "homem gracioso e de prazer" — a um sinistro e camuflado desígnio de dominação. Não é preciso subestimar a gravidade dos crimes praticados contra os índios nos séculos subsequentes para admitir a possibilidade de que, nesses primeiros contatos de mútuo reconhecimento, tenha prevalecido um clima de amistoso calor humano. A improvisada dança testemunhada por Caminha, ouso crer, é antes um clarão de alegria oriundo de um raio de entrega, como que a prefigurar na aurora dos tempos e no berço da nação brasileira o advento do nosso Carnaval.

---

* Pirueta, rodopio, salto acrobático.

— Busquemos imaginar, para efeito de contraste, uma cena de contato análoga à descrita na *Carta*, só que tendo como grupo alienígena não mais os portugueses católicos, mas anglo-saxões puritanos recém-desembarcados do *Mayflower* — é possível conceber que algo remotamente parecido possa ter ocorrido? Ou, ainda, tente-se imaginar um pastor calvinista em terras norte-americanas e que, diante da mulher ameríndia, reagisse como o padre João Daniel — missionário jesuíta que visitou a Amazônia no século XVIII — ao achar as indígenas "de feições lindíssimas" e "de uma esperteza e viveza tão engraçadas" que "podiam ombrear com as mais escolhidas brancas". — As atrocidades da conquista e a violência cometida em nome do Império e da Fé pelos colonizadores portugueses não podem ser relevadas. Mas seria um erro permitir que elas obscurecessem um fato capital da nossa história. No Brasil, a cultura europeia se pôs em contato com a indígena — e, depois dela, com a africana — de uma forma distinta do que sucedeu na América inglesa. Ela aportou nos trópicos amaciada pela atmosfera cálida e tingida de sensualismo da cultura solar mediterrânea, e curtida por oito séculos de convívio cultural e inter-racial com os árabes e mouros de tez morena, oriundos do Norte da África, que até o final do século XV dominaram a península Ibérica.

111

Sardinha imortal. — As circunstâncias da morte de Pero Fernandes Sardinha, o primeiro bispo do Brasil, capturado, abatido e devorado pelos índios caetés no litoral do Alagoas em 1556, imortalizaram o seu nome na imaginação brasileira. Menos conhecida, contudo, é a trajetória que precedeu sua desdita. Nomeado por d. João III, Sardinha veio ao Brasil com a missão de promover a conquista das almas nativas para a fé católica. Logo ao chegar, no entanto, o ex--professor de Inácio de Loyola entrou em conflito com os métodos empregados pelos jesuítas liderados por Manoel da Nóbrega na conversão dos indígenas. Homem de temperamento autoritário e ríspido, o bispo considerou heréticas algumas das inovações introduzidas por Nóbrega no afã de acelerar a causa missionária, como, por exemplo, o uso de curumins tupinambás como tradutores das confissões dos índios e índias adultos aos padres confessores; a adoção de cantos e instrumentos de som tupis no ritual litúrgico; uma interpretação menos rígida das regras de parentesco em casos de matrimônios intratribais; e a admissão dos índios às missas celebradas nas igrejas de Salvador. O antagonismo entre Sardinha e Nóbrega contribuiu, juntamente com outros fatores, para que ele renunciasse ao bispado no Brasil quatro anos após a sua chegada. A captura do ex-bispo pelos caetés se deu justamente quando o navio em que ele viajava de volta para Lisboa, tendo como objetivo queixar-se ao monarca da complacência dos jesuítas com os costumes dos índios, naufragou no litoral nordestino. — O destino do seu rival e tenaz antagonista não deixou de suscitar em Nóbrega uma sensação de conforto espiritual. Em carta endereçada a Tomé de Souza, o jesuíta observa que Sardinha era um cristão zeloso, "mas quanto ao Gentio e sua salvação se dava pouco, porque não se tinha por seu Bispo, e elles lhe pareciam incapazes de toda doutrina por sua bruteza e bestialidade". Já sobre a morte do rival, Nóbrega dá mesmo a impressão de ter saboreado cada naco da carne de Sardinha nas mandíbulas caetés, pois ele roga ao ex-governador-geral que o ajude "a louvar a Nosso Senhor em sua providência, que permittiu que fugindo elle dos Gentios e da terra, tendo poucos desejos de morrer em suas mãos, fosse comido d'elles [...]. O que eu nisso julgo, posto que não fui conselheiro de Nosso Senhor, é que quem isto fez, porventura quis [...] castigar-lhe junctamente o descuido e pouco zelo que tinha da salvação do Gentio". Premiado por morte "tão gloriosa" em poder de infiéis e "com tantas e tão boas circunstâncias como teve", Sardinha decerto podia contar com a dádiva da eterna salvação. E, desse modo, salvou-se a tupinização do catolicismo de Nóbrega e cada qual conquistou a imortalidade a seu gosto: o bispo por morrer como um mártir e os caetés ao deglutirem a carne do temível inimigo.

112

Gênios brasileiros. — Em quinhentos anos de história, a galeria dos brasileiros ilustres — populares ou eruditos, celebrados ou incompreendidos, vivos ou mortos — pode ser mais ou menos inclusiva, de acordo com os gostos e a liberalidade do curador. Mas os *gênios universais indiscutíveis* são três apenas: Aleijadinho, Machado de Assis e Pelé. O gênio da pedra; o gênio da palavra; o gênio da bola. Não é seguramente obra do acaso o fato de que cada um deles precisou enfrentar — e vencer — as mais atrozes adversidades e de que os três são negros. A África dá o melhor do Brasil.

Barraco objetivo, palácio subjetivo. — No início dos anos 1980, uma equipe da BBC britânica veio ao Brasil gravar um documentário sobre as condições de vida numa favela do Rio de Janeiro. A ideia era mostrar de forma hiper-realista, no melhor estilo "câmera invisível" da tradição anglo-americana de reportagem, um dia na vida de uma jovem favelada. A equipe subiu o morro, escolheu a protagonista e passou a registrar seu cotidiano de vida, trabalho e lazer. O resultado, exibido em horário nobre pelo canal BBC-2 (eu me mudara havia pouco para a Inglaterra na ocasião), foi um dos trabalhos mais surpreendentes e reveladores até hoje feitos por uma TV sobre nossa realidade — uma peça deliciosamente incongruente e que acabou fugindo por completo do controle de seus idealizadores. — A intenção do programa era visivelmente explorar ao máximo as chagas abertas e a penúria do dia a dia na favela: a imundície e a promiscuidade dos barracos; a dieta sofrível; a falta de água encanada; o dinheiro curto; o tempo perdido no transporte público; o subemprego; e, enfim, as condições aviltantes da vida no morro. Tudo isso a equipe da BBC foi ao Rio buscar — e encontrou. O que eles não podiam esperar, mas as câmeras e microfones testemunharam, era que a jovem moradora daquele barraco objetivo habitasse um verdadeiro palácio subjetivo de alegria, esperança e elã vital. Acontece que a eleita para servir de fio condutor do programa personificava a negação viva de toda a carga de sombra e amargura que o registro clínico do seu cotidiano nos faria esperar dela. Em meio à pobreza da vida na favela, ela irradiava uma energia alegre e espontânea, uma satisfação íntima consigo mesma e uma libido exuberante que jamais se encontrariam numa inglesa de sua idade, não importando a classe social — e mesmo no verão. Embora tivesse razões de sobra para queixar-se do destino e viver na mais espessa melancolia, ela esbanjava *joie de vivre* por todos os poros e arrancava luz das trevas com sua vitalidade interior. Recordo-me, em especial, da cena em que ia buscar água numa bica a certa distância de casa e, para o desconcerto dos ingleses, voltava carregando o balde equilibrado na cabeça e... cantando! A sequência — Paulo Prado e sua "raça triste" que nos perdoem — era puro Gilberto Freyre: "Tanto nas plantações como dentro de casa, nos tanques de bater roupa, nas cozinhas, lavando roupa, enxugando prato, fazendo doce, pilando café; nas cidades, carregando sacos de açúcar, pianos, sofás de jacarandá — os negros trabalharam sempre cantando; seus cantos de trabalho, tanto quanto os de xangô, os de festa, os de ninar menino pequeno, encheram de alegria africana a vida brasileira". — A relação entre o barraco objetivo e o palácio subjetivo dá o que pensar. Não se trata, ao que parece, de um caso isolado: ele ilustra de forma eloquente as evidências obtidas por inúmeras pesquisas sobre a felicidade dos brasileiros. Apesar de viver e ganhar o sustento em condições precárias, a maioria dos brasileiros se considera feliz e satisfeita com a vida — tipicamente ao redor de dois terços da população — ao passo que uma parcela reduzida — abaixo de 5% — declara-se infeliz (o restante se diz moderadamente feliz). — É plausível supor, no entanto, que tanto o documentário da BBC como as enquetes reflitam em parte os efeitos daquilo que os físicos quânticos chamam de "princípio da incerteza", ou seja, a interferência do próprio ato de observar sobre a realidade a ser observada, modificando-a. Ao ser indagado acerca de sua felicidade, o entrevistado se defende perante si mesmo da ameaça de dor que uma resposta derrotista traria e declara-se sinceramente feliz; ao se perceber a escolhida, entre tantas outras moças, para "estrelar" um programa de TV, a jovem favelada sente-se uma eleita dos deuses e embarca num mundo de fantasias mais espesso e luxuriante que a novela das nove. O reparo procede, mas não altera o essencial. Mesmo que o palácio subjetivo dos brasileiros seja em certa medida criatura — ao que tudo indica menor — do princípio da incerteza, a garra manifesta na vontade de não se render ao derrotismo e o dom de sonhar profusamente são traços culturais de inestimável valor na economia do bem-estar subjetivo. Como o Carnaval e outras festas populares evidenciam, "a teimosa vocação de felicidade" dos brasileiros em meio à precariedade da vida material parece buscar qualquer brecha ou pretexto a fim de se expressar. Mas, se essa vocação é traço brasileiro, ela não nos é peculiar. O palácio subjetivo não parece estar menos em casa e à vontade no Rio, Salvador ou Recife do que em Lagos, Havana ou Bogotá.

Marx e Nietzsche nos trópicos. — Por que o modo de produção capitalista não surgiu nos trópicos, mas nas zonas temperadas do planeta? A resposta, explica Marx em *O capital*, está no efeito inibidor do desenvolvimento das faculdades humanas exercido pela natureza luxuriante dos trópicos:

"[O modo de produção capitalista] pressupõe o domínio do homem sobre a natureza. Uma natureza excessivamente pródiga 'mantém o homem preso a ela como uma criança sustentada por andadeiras'. Ela não lhe impõe a necessidade de desenvolver-se. A pátria do capital não é o clima tropical com sua vegetação exuberante, mas a zona temperada". O pedigree hegeliano da resposta é patente, mas nada se compara à fórmula devida ao poeta alemão Hölderlin, ex-colega de Hegel no seminário luterano de Tübingen: "o selvagem na floresta", diz ele, vive "no limite do solo" e alimenta-se do que encontra ao seu redor, "numa coesão com a natureza tal como a criança no peito da mãe". — Nietzsche, por sua vez, em *Além do bem e do mal*, sai com sua afiada verve em defesa do "homem tropical" contra a tradição da ética europeia — Kant e o imperativo categórico à frente: "Não parece haver, entre os moralistas, um ódio à floresta virgem e aos trópicos? E uma necessidade de desacreditar a todo custo o 'homem tropical', seja como doença e degeneração do homem, seja como inferno e automartírio próprio? Mas por quê? Em favor das 'zonas temperadas'? Em favor dos homens temperados? Dos homens 'morais'? Dos medíocres?". *So far so good.* Mas o que exatamente teria Nietzsche em mente ao evocar a figura do "homem tropical" como contraponto do "autômato do dever" kantiano — os caribenhos da Nova Espanha de Humboldt? os goitacases da França Antártica de Jean de Léry? os polinésios do reino do Taiti do abade Raynal? Nada disso. O "homem tropical" nietzschiano, como ele mesmo esclarece, é o "animal de rapina", o "homem de rapina", esses "mais saudáveis monstros e criaturas tropicais"; um homem, em suma, lembrando o exemplo dado pelo próprio

Nietzsche, "como César Bórgia" (o calculista, traiçoeiro e sanguinário duque renascentista contemporâneo de Maquiavel). — Marx e Nietzsche, é claro, jamais puseram os pés fora do Velho Continente. Mas suas concepções dos trópicos e do "homem tropical" conseguem ser *menos* que livrescas, pois nem mesmo os relatos de viajantes disponíveis em sua época eles se dignaram a ler — elas são projeções das suas neuroses e taras metafísicas.

115

Delírios gêmeos. — Ao delírio de controle do mundo externo — natureza emasculada, cidades assépticas — corresponde o delírio de controle sobre o nosso mundo interno: a vontade de impor à "exuberância tropical brutamente caótica da vida interior" (como a define o filósofo americano Thomas Nagel) uma disciplina de pátio cimentado ornado por canteiros e vigiado por guaritas. Eis o ideal da ética platônica, cristã, kantiana: *parecer* virtuoso não basta, é preciso *ser*. "Sede perfeitos, como é perfeito vosso Pai que está no céu", no dizer do evangelista Mateus.

116

Mão de preto no couro. — A inadaptação a um meio mórbido, por incapacidade ou recusa, é um sinal de sanidade. A eclosão de uma rebelião escrava na colônia inglesa da Carolina do Sul em 1739 provocou uma drástica reação das autoridades: a decretação do Negro Act. Pelo novo código de conduta da população escrava nos estados sulinos da Anglo-América, os africanos ficaram proibidos de utilizar tambores em todas as suas atividades; as reuniões envolvendo grupos maiores foram banidas; e os proprietários de escravos foram autorizados a matar rebeldes em caso de novas insurgências. Anos mais tarde, já no final do século XIX, as autoridades britânicas baniram o uso de instrumentos percussivos, danças e rituais religiosos não cristãos na colônia caribenha de Trinidad ao passo que, em 1902, as forças de ocupação estadunidenses em Cuba baniram "tambores de origem africana" e "todas as danças cerimoniais afro-cubanas", sob a alegação de que eram "símbolos do barbarismo e perturbadores da ordem social". Embora a demonização dos deuses e ritos africanos pelos escravocratas e missionários ingleses tenha sido uma nota constante da colonização anglo-americana, não foi de ordem religiosa, ao que tudo indica, o motivo central da proibição dos tambores: a *rationale* da interdição foi o seu uso potencial como arma de mobilização e meio de comunicação a longa distância entre escravos insurgentes. Tratava-se, portanto, de uma medida militar preventiva visando suprimir o tambor como ameaça à ordem escravocrata. — Mas, se a intenção era até certo ponto restrita, as consequências da medida dificilmente poderiam ser mais abrangentes — e duradouras. Pois o fato é que, estivessem ou não cientes do alcance da iniciativa, a supressão dos tambores pelas autoridades coloniais inglesas feriu na medula e quebrou a espinha dorsal da cultura e da própria capacidade de afirmação simbólica dos africanos em solo norte-americano. Com a proibição ficava comprometida toda a herança religiosa dos escravos negros, com seus cantos, danças e ritos ancestrais; com ela, cortava-se de modo violento o canal de acesso aos antepassados africanos e calavam-se os deuses e orixás, como que subitamente privados do oxigênio que lhes facultava baixar à Terra e resistir aos rigores da diáspora e do assédio cristão. O golpe minou a coesão grupal e o senso de identidade dos escravos e facilitou sobremaneira o trabalho dos missionários protestantes — amiúde puritanos — encarregados de envergonhá-los de suas "crendices" e transformá-los em "bons cristãos". — O contraste com a situação dos escravos na América portuguesa é flagrante. Por conta da própria inépcia e desleixo, bem como da menor soberba e maior tolerância do colonizador luso-católico com formas de vida e costumes extracristãos, prevaleceu um clima de permissividade — e ocasional pendor senhorial — em relação aos cultos, crenças e manifestações culturais das diferentes etnias negras que se espalharam pelo Brasil. Daí que, enquanto definhavam no hemisfério Norte, os deuses, cantos e ritos de DNA africano puderam fincar raízes e florescer nos trópicos. Entre os efeitos dessa bifurcação, o contraste da música negra nas duas Américas é ilustrativo. Privados do acesso a recursos percussivos e convertidos a um cristianismo de orientação evangélica, sobretudo batista e metodista, os negros estadunidenses produziram gêneros como o blues, o spiritual, o gospel e a soul music, ao passo que no Brasil, além da música sacra africana dos terreiros de candomblé e cultos afro-brasileiros, surgiram, entre outros, o maracatu, o maxixe, o lundu e o carimbó, sem falar, é claro, do samba e suas inúmeras vertentes, do partido-alto ao pagode e do samba de roda aos batuques carnavalescos. Se a alma da música negra nos Estados Unidos continuou negra mas sofreu forte processo de desafricanização, a alma da música negra no Brasil manteve a essência africana, mas sem o caráter exclusivista de "música negra". Ela fundiu-se ao tronco central da cultura e se tornou simplesmente *brasileira*, sem amputação nem folclore.

117

Darwin nos trópicos. — Ao desembarcar no litoral brasileiro em 1832, na baía de Todos os Santos, Darwin deslumbrou-se com a natureza nos trópicos e registrou em seu diário: "Creio, depois do que vi, que as descrições gloriosas de Humboldt são & sempre serão inigualáveis: mas mesmo ele [...] fica aquém da realidade. As delícias que se vivenciam nesses momentos desnorteiam a mente [...]. A mente se torna um caos de delícias a partir do qual um mundo de prazer futuro e mais calmo surgirá". Mas a paisagem humana, ao contrário, causou-lhe asco e perplexidade. "Perto do Rio de Janeiro", relatou o biólogo anos mais tarde em *A viagem do Beagle*, "vivi defronte a uma velha senhora que mantinha parafusos para esmagar os dedos de suas escravas. Hospedei-me numa casa onde um jovem escravo era, diariamente e de hora em hora, xingado, surrado e perseguido de um modo que seria suficiente para quebrar o espírito do mais reles animal. Vi um menino pequeno, de seis ou sete anos, ser açoitado três ou quatro vezes na cabeça nua com um chicote de cavalo (antes que pudesse intervir), por ter me servido um copo d'água que não estava bastante limpo. [...] E essas ações foram feitas e paliadas por homens que professam amar o próximo como a si mesmos, que creem em Deus e oram para que Sua Vontade seja feita sobre a Terra!" — O mais surpreendente, contudo, é que a revolta não o impediu de olhar ao redor de si com olhos capazes de ver e constatar que, não obstante a opressão a que estavam submetidos, a vitalidade e a alegria de viver dos africanos no Brasil trazia em si a chama de uma irrefreável afirmação da vida. Em carta à sua irmã e confidente Catherine, cerca de um ano depois do desembarque em Salvador, Darwin escreveu: "Antes de partir da Inglaterra, diziam-me que depois de viver em países com escravos todas as minhas opiniões [abolicionistas] se modificariam; mas a única alteração da qual estou ciente é a de que formei uma avaliação mais elevada do caráter dos negros. É impossível ver um negro e não sentir simpatia [*feel kindly*] em relação a ele; tão alegres, abertas e francas são as suas expressões e tão formosos seus corpos torneados. Nunca pude olhar algum desses diminutivos portugueses, com sua fisionomia criminosa, sem quase desejar que o Brasil siga o exemplo [da rebelião escrava] do Haiti; e considerando a enorme e saudável população de negros [no Brasil] será surpresa se isso não ocorrer em algum dia futuro". (Outra coisa não dissera, aliás, o admirado Humboldt depois de cinco anos na América tropical: "a linha dominante no caráter dos africanos é a sua alegria e a sua agitação sem limites".) Frustrou-se o prognóstico de uma rebelião ao estilo haitiano, mas confirmou-se o diagnóstico. A África salva o Brasil.

A fala da língua. — As técnicas modernas de mapeamento genético permitiram quantificar o que está à vista de todos. Enquanto nos Estados Unidos apenas 1% da população branca possui alguma ascendência africana, no Brasil a maioria dos brancos — cerca de 60% — pertence a linhagens africanas ou ameríndias em matéria de ascendência materna. O entrelaço genético se reflete no modo como os brasileiros se autoclassificam quando instados a declarar a cor de sua pele: de *galega* a *sarará* e de *meio preta* a *cor de canela* e *puxa para branca*, o léxico cromático se ramifica em vasta e anárquica teia de designações. — A linguagem de um povo não é apenas um instrumento de comunicação na vida prática: ela incorpora elementos simbólicos e figurativos da cultura e traz inscrita em si mesma um modo particular de pensar e sentir. Há uma forma de vida embutida em nossa língua falada — *a língua fala*. Daí que, enquanto a presença de termos e expressões afro-indígenas no inglês norte-americano é rarefeita (ainda que não nula), ela transparece de forma ubíqua no português do Brasil. A permeabilidade da cultura luso-brasileira às culturas de raiz africana e ameríndia traduz-se em nossa fala comum e, como revela com exuberância de achados e exemplos o antropólogo baiano Antonio Risério, as áreas de maior influência linguística são justamente aquelas em que a presença afro-indígena passou a integrar o DNA da nossa cultura: a erótico-afetiva (*bunda, caçula, cafuné, chamego, dengo, guri, manha, nenê, neném, sapeca, xodó, xoxota, xuru*); a moral e os costumes (*bagunça, catimba, cochilo, chilique, fofoca, fuxico, gandaia, lambança, lambuja, lero-lero, lenga-lenga, mandinga, maracutaia, molenga, mutreta, nhe-nhe-nhem, perrengue, pipocar, sacanagem, tocaia, trambique, zum-zum*); a culinária (*angu, acarajé, beiju, birita, bobó, cachaça, canjica, dendê, farofa, fubá, garapa, gororoba, guaraná, mocotó, moqueca, moringa, pinga, pirão, quindim, quitute, tutano, tutu, vatapá*); música e dança (*agogô, batucada, batuque, berimbau, capoeira, cuíca, forró, ginga, lambada, maraca, maracatu, maxixe, samba*), sem falar, é claro, no vasto domínio dos termos botânicos, zoológicos e toponímicos onde a presença do tupi é proeminente. A mistura das línguas do povo "inventa-línguas" é a mistura dos genes por outros meios. "O que quer, o que pode esta língua?"

Dancing in the streets. — Se as celebrações, festas e rituais extáticos foram no passado tão disseminados nas mais diferentes culturas, por que praticamente deixaram de existir em nossos dias? Em *Dançando nas ruas: uma história do júbilo coletivo*, a jornalista e ativista política norte-americana Barbara Ehrenreich reconstrói a evolução das diversas modalidades de festejo, ritual e celebração coletivos desde os festivais dionisíacos e as saturnálias do mundo antigo até os mega-shows de rock e grandes eventos esportivos da atualidade — *spectator events* — onde o público figura como plateia pagante. Embora a repressão ao "êxtase ritual" e à "efervescência coletiva" na religião e cultura ocidentais tenha precedentes no Império Romano, ela explica, foi somente nos estertores da Idade Média e sobretudo após a Reforma protestante que essa forma de sociabilidade entrou em franco declínio na Europa e foi definitivamente proscrita do convívio civilizado. — Livro de vasto escopo (e por isso naturalmente desigual), o seu ponto alto, a meu ver, está no depoimento dado pela autora, nos parágrafos que fecham a obra, sobre uma experiência vivida em sua visita ao Rio de Janeiro em 2004. Atraídos pelo rufar de tambores perto da praia de Copacabana, Ehrenreich e seu companheiro se aproximaram de um grupo de carnavalescos, membros de uma escola de samba, que ensaiavam para o Carnaval: "Havia pessoas de todas as idades, de crianças de quatro ou cinco anos a octogenários, homens e mulheres, alguns lindamente vestidos, outros com os shorts e regatas que são os trajes comuns no Rio. Para o missionário do século XIX, ou mesmo o religioso puritano do século XXI, seus movimentos poderiam parecer lúbricos ou ao menos insinuantes [...]. Mas a escola seguiu dançando rumo à areia com perfeita dignidade, envolta em seu próprio ritmo, seus rostos ao mesmo tempo exaustos e radiantes de uma quase religiosa exaltação. Um jovem de pele dourada dançava logo atrás dos músicos, marcando o ritmo. O que seria ele na vida real — um bancário, um ajudante de garçom? Aqui, porém, com suas roupas emplumadas, ele era um príncipe, uma figura mitológica, um pequeno deus talvez. Por um momento, não existiam divisões entre as pessoas [...]. Ao chegarem no calçadão, transeuntes vieram também entrar na dança e, sem nenhum convite ou proclamação [...] a escola de samba virou uma multidão e teve início uma festa espontânea. Não havia nenhum objetivo — nenhuma conotação religiosa, mensagem ideológica ou dinheiro em jogo —, apenas a chance, de que tanto mais carecemos neste congestionado planeta, de expressar reconhecimento pelo milagre da nossa existência compartilhada através de alguma forma de celebração". — A realidade da favela, é claro, ficava a poucos passos (de samba?) daquela mágica cena, como um resenhista do livro não deixou de acentuar. É fato — e da maior gravidade. E, não obstante, a pergunta se impõe: haveria outra nação no mundo onde algo semelhante ao vivido por Ehrenreich no Rio pudesse ter acontecido? — O dom da vida como celebração imotivada.

120

Miméticos e proféticos. — "As nações são todas mistérios, cada uma é todo um mundo a sós." O Brasil não é diferente. Ao ocidente do Ocidente, descobertos e colonizados por ele, somos no entanto um país de ocidentalização recalcitrante e imperfeita. Ao juízo da fria métrica ocidental o Brasil, se não chega a ser um malogro, não passa de um país medíocre: nossa contribuição à história da ciência e da tecnologia modernas — assim como à filosofia e às humanidades — resume-se a uma dispensável nota de rodapé; o PIB per capita brasileiro, não obstante décadas de obsessão desenvolvimentista, jamais foi além de um quarto ou um quinto do verificado no "mundo rico"; nossos indicadores em áreas críticas da convivência civilizada como educação, saúde, saneamento, habitação, transporte coletivo e segurança dão testemunho de uma nação que adentra o século XXI sem ter enfrentado a contento a agenda social do século XIX. Enquanto os Estados

Unidos tomaram a dianteira do mundo moderno, seguros na crença de que o resto da humanidade não sonha senão em chegar aonde chegaram e ser como eles são, o Brasil vai aos tropeços, como um passageiro de segunda na autoestrada de uma civilização à qual pertence mas da qual não toma parte no que ela tem de mais nobre e essencial. — Mas, se assim é, há que se perguntar: *estamos condenados a isso?* O que fazer? Que o enfrentamento das nossas seculares e óbvias mazelas, a começar pelo débil e viciado sistema de ensino básico, e que a conquista de condições de vida digna para todos e de maior equidade sejam imperativos inadiáveis são pontos incontroversos. Mas superar deficiências e atacar pendências, por mais clamorosas, não é o mesmo que afirmar valores. Toda cultura incorpora um ideal de felicidade. Desenvolvimento *para quê*? Devemos buscar, como nação, a perfeita e acabada ocidentalização que há séculos nos elude? Ou devemos, antes, procurar determinar nós mesmos, à luz do que somos, a nossa própria métrica de sucesso e realização, aquilo que nos distingue, aquilo que tem valor? A que vem o Brasil, afinal, como nação? — A resposta à disjuntiva separa dois grupos bem definidos. De um lado, a *visão mimética* ou imitativa de que não há o que inventar. "Nós queremos ser como eles" e seria portanto equivocado, se não ridículo, supor que devemos ter a pretensão de criar uma alternativa original ao modelo ocidental. É o que sugere, por exemplo, Rui Barbosa ao afirmar, citando um líder francês, que, "se, à maneira do escultor, que molda entre as mãos o barro plástico, eu pudesse afeiçoar a meu gosto o meu país, faria dele não uma América, mas uma Inglaterra"; é o que defende o economista Eugênio Gudin — presumivelmente expressando a opinião da maioria dos seus colegas brasileiros — ao propor que "os países da América Latina não precisam criar uma civilização. Ela já foi criada pela Europa nos últimos quatro séculos. Cabe-nos assimilar essa civilização". Se tudo correr bem, chegaremos um dia a ser como outra nação desenvolvida qualquer — algo semelhante, digamos, a um estado do Sul dos Estados Unidos ou a um país do Mediterrâneo europeu; tudo que nos cabe fazer é seguir o melhor que pudermos a receita e o caminho já trilhado por eles. "Se tivermos racionalidade e competência, chegaremos lá." — E, no outro polo do espectro, a *visão profética* ou messiânica de que não podemos nos resignar à condição de cópia canhestra de um mundo caduco ou de coadjuvantes pasmados de um enredo falido. A orientação messiânica aparece com tintas fortes no brado de um personagem de Dostoiévski no romance *Os demônios*: "Se um grande povo não acreditar que a verdade somente pode ser encontrada nele mesmo [...], se ele não crer que apenas ele está apto e destinado a se erguer e redimir a todos por meio de sua verdade, ele prontamente se rebaixa à condição de material etnográfico, e não de um grande povo. Um povo realmente grande jamais poderá aceitar uma parte secundária na história da humanidade, nem mesmo entre os primeiros, mas fará questão da primazia. Uma nação que perde essa crença deixa de ser uma nação". No contexto brasileiro, a crítica severa do mimetismo e a crença na ideia missional de nós mesmos — "a missão especial do povo brasileiro" — foi defendida com graus variáveis de radicalidade e fervor por, entre outros, Oswald de Andrade, Gilberto Freyre e Darcy Ribeiro. Na visão do pai da antropofagia em "A marcha das utopias", por exemplo, o Brasil figura como "a primeira promessa de utopia em face do utilitarismo mercenário e mecânico do Norte": "O Brasil será um dos grandes líderes dos fins do nosso século [XX] e dará à nova ordem humana contribuições materiais e espirituais que não serão excedidas por outros povos, mesmo os que hoje se mostram mais avançados". O rajar das "metralhadoras de alta indagação" e a deglutição da "cultura europeia caindo de podre" seriam o preâmbulo de um radical acerto de contas coletivo com as incógnitas do nosso destino como nação. "Ou o mundo se 'brasilifica' ou vira nazista", no dizer messiânico de Jorge Mautner. — Miméticos ou proféticos? Nenhuma das duas posições, creio eu, pode ser integralmente aceita. A abdicação mimética porque ela apequena o Brasil. Nosso país, seria tolo negar, tem muito a aprender e a assimilar do Ocidente. Mas isso de modo algum implica a tese mimética de que somos, ao fim e ao cabo, uma cópia defeituosa ou inacabada do modelo ocidental — uma tentativa imperfeita de algo que simplesmente não estivemos até hoje à altura de alcançar. Se o Brasil não se tornou um rebento bem-sucedido e bem-comportado do clã ocidental é porque ele, em essência, *não o quis*: porque não estava — e não está — disposto a sacrificar valores que lhe são caros no altar do "sucesso" definido e ditado pela métrica ocidental. A visão profética, por sua vez, parte de uma intuição central justa, mas com frequência embrulhada em erros e por eles sufocada; ela instaura o desafio essencial de ousar e criar, mas beira o fanático e o delirante ao bater pé na "questão da primazia" em escala planetária e ao sustentar a tese exclusivista de que "a verdade" — seja o que isso for — pertence a uma única cultura ou nação — aquela, obviamente, onde o profeta por coincidência nasceu. Miméticos e proféticos almejam *outro Brasil*. No ideal da perfeita ocidentalização dos miméticos, o Brasil vence o secular atraso e se torna um trecho do Sul da Europa ou do Sul dos Estados Unidos desgarrado em terras sul-americanas: "um país pequeno com horizontes pequenos", como dizia o rei Leopoldo III da Bélgica sobre o seu reino. No ideal da visão profética, a imperfeita ocidentalização do Brasil, ainda que na origem de tantos males que nos afligem, é também a fonte da nossa esperança e promessa de redenção — a criação de uma civilização tropical soberana, socialmente justa e enfim liberta da tirania de exigências, normas e valores que não são genuinamente seus.

121

Imperialismo reverso. — Que os ideais de felicidade e as definições de "sucesso" sejam tantos quantos são os países capazes de fazer valer o seu próprio centro de gravidade cultural — e o Brasil é um deles. Ao lema estadunidense — "o que é bom para nós, só pode ser bom para toda gente" — responder e contra-atacar com o lema: "o que é bom para nós não se pretende bom para toda gente, *mas é o nosso bem*".

122

Suor bíblico e suor dionisíaco. — "Os infatigáveis e obcecados fazedores de dinheiro", escreveu Lord Keynes em 1930, "podem nos levar consigo até o colo da abundância econômica.

Mas aqueles povos que mantêm viva e cultivam a uma perfeição mais plena a *arte da vida*, e não se vendem pelos *meios de vida*, é que serão capazes de gozar a abundância quando ela chegar." O Ocidente tecnoconsumista promoveu uma aceleração do trabalho e da cobiça por riqueza como jamais o mundo conheceu; a utilidade e a eficiência tornaram-se a pedra de toque de todas as escolhas e conclusões. Mas, em vez de se libertarem do jugo da necessidade e do primado da economia sobre suas vidas, como imaginavam Keynes e os grandes economistas clássicos, as sociedades ocidentais se precipitaram, como que tomadas por louca compulsão, rumo à reprodução da riqueza e da necessidade numa escala ampliada. E tudo em nome do quê? Tudo em nome de um mundo em que o comércio dá as cartas e se insinua cada vez mais como a alma-vácuo da cultura; um mundo em que todos se veem compelidos a atiçar desejos de consumo uns nos outros simplesmente para se manterem à tona dos seus gastos; em que as pessoas esperam cada vez mais dos seus *gadgets* e pílulas miraculosas, mas cada vez menos umas das outras em suas relações pessoais e amorosas; em que a solidão e a má sociabilidade crescem na razão direta da interconectividade e do avanço das técnicas de comunicação. — E o Brasil com isso? Será desvairadamente utópico imaginar que temos tudo para não capitularmos à opressiva industriosidade geradora de *objetos demais, alegria de menos* do tecnoconsumismo ocidental? Que o Brasil, embora modesto nos *meios*, mantém viva sua aptidão para a *arte da vida* e a capacidade de cultivá-la a uma perfeição mais plena? Que podemos ousar modelos de economia e de convivência mais humanos e adequados ao que somos e sonhamos?

Que nossa reconhecida aversão ao suor bíblico, longe de ser fraqueza, apatia ou preguiça, é apenas a contrapartida de uma irrefreável vocação para o suor dionisíaco?

123

Sonhar o Brasil. — A lógica sozinha não move: a criação do novo exige sonho. O teor da tensão entre a lógica e o sonho é o essencial. Um Brasil digno de nossos sonhos não pode ser o devaneio de uma imaginação caprichosa. A construção simbólica da nação desejada e desejável sempre será tarefa coletiva: fruto da depuração paciente do tempo; da construção do misterioso elo entre as sucessivas gerações, idas e vindouras; e de uma infinidade de ensaios, reveses, negociações e vitórias. Um Brasil digno de sonho deve ser concebido a partir do que efetiva e coletivamente somos; dos acidentes e condicionantes bem como dos vícios e virtudes que se entrelaçam em nosso destino comum. Deve estar lastreado na lúcida inteligência das coisas idas, não para se fixar nelas, mas para que tenhamos como manter com elas uma relação consciente e profícua. É garimpando o cascalho das nossas apostas, conquistas e fracassos que chegaremos à lapidação dos nossos saberes e potencialidades. O segredo da utopia reside na arte de desentranhar a luz das trevas. Há um futuro luminoso — épico remisso na visão de um poeta — querendo despertar das sombras do presente. — *O Brasil é mestiço*: genética e culturalmente fusionado — eis o traço que melhor nos define. Por caminhos tortuosos e por vezes cruéis, sem que isso fosse parte de intenção clerical ou governamental alguma, fixou-se entre nós, no cerne da alma brasileira, a presença de atributos, sensibilidades e valores pré-modernos, de extração africana e ameríndia, e que para nossa sorte se revelaram capazes de oferecer tenaz resistência à invasão dos valores estreitamente utilitários e competitivos da subcultura ocidental. Por isso a espontaneidade e a capacidade única de desfrutar vivamente o momento; o calor e a intensidade dos afetos nas relações pessoais, inclusive na esfera do trabalho e afazeres comuns. Por isso a predominância do "doce sentimento da existência", independente de racionalizações ou pretextos lógicos; a imotivada alegria que confere uma qualidade intensamente poética, cordial e lúdica à vida comum, não obstante a pobreza e violência existentes. Por isso o anacronismo-promessa chamado Brasil. — Quando penso no Brasil ideal que povoa e anima os meus sonhos, não nos vejo metidos a conquistadores, donos da verdade ou fabricantes de impérios. Não nos vejo trocando a alma pelo bezerro de ouro ou abrindo mão da nossa compreensão lúdica e amável da vida na luta por uma pole position na métrica do PIB per capita e no descaso por todos os valores, a começar dos ambientais, que não se prestam a cálculo monetário. Se a civilização da máquina, da competição feroz e do tempo medido a conta-gotas tem alguma razão de ser, então ela existe para libertar os homens da servidão ao monovalor econômico, e não para enredá-los em perpétua e sempre renovada corrida armamentista do consumo e da acumulação. — Do que nos fala a utopia de um Brasil capaz de nos fazer acreditar que podemos ser mais — muito mais! — que coadjuvantes servis de um mundo caduco ou material etnográfico para diversão de turistas e antropólogos? Ela nos fala de um ideal de vida assentado na tranquilidade de ser o que se é. Ela nos fala da existência natural do que é belo e da busca da perfeição pela depuração de tudo que afasta do essencial. Ela nos fala de outro Brasil, nem mais verdadeiro nem mais falso que o existente — apenas reconciliado consigo próprio. De um Brasil altivo e aberto ao mundo, enfim curado da doença infantil-colonial do progressismo macaqueador e seu avesso — o nacionalismo tatu. De um Brasil em que a democracia racial deixou de ser mito a encobrir para fazer-se forma de vida a revelar. De um Brasil que trabalha (o suficiente), mas nem por isso deixa de transpirar *joie de vivre* e libido por todos os poros. De um Brasil capaz de apurar a forma da convivência sem perder o fogo dos afetos. Uma nação que se educa e civiliza, mas preserva a chama da vitalidade iorubá filtrada pela ternura portuguesa. Uma nação que poupa, investe em seu futuro e cuida da previdência, mas nem por isso abre mão da disponibilidade tupi para a alegria e o folguedo. — Faz sentido a ideia de uma *civilização brasileira*? Uma resposta afirmativa não precisa implicar nenhum tipo de arroubo xenófobo ou húbris cultural. O que ela implica é a identificação dos *nossos valores* e uma efetiva adesão a eles. O que ela implica é a rejeição da crença de que não podemos ser originais — de que devemos nos resignar à condição de imitação desastrada ou cópia canhestra do modelo que nos é incutido pelo "mundo rico". A biodiversidade da nossa geografia e a sociodiversidade da nossa história são os principais trunfos brasileiros diante de uma civilização em crise. — Que o mal e o pouco do tempo presente não nos deprimam nem iludam ou desanimem. O futuro se redefine sem cessar — ele responde à força e à ousadia do nosso querer. Vem do breu da noite espessa o raiar da manhã.

124

A questão irrespondida. — "*Tupi, or not tupi that is the question*" — propõe a conhecida fórmula antropofágica. "*Tupi and not tupi*" — eis a possível resposta.

Notas

PRIMEIRA PARTE [PP. 15-43]

PÁGINA

P. 17 *Voltaire dizia*: I. Kant, *The critique of judgement* (1790). Trad. James C. Meredith. Oxford: Oxford University Press, 1952, p. 201.

P. 18 *"Como se dá que ritmos"*: Aristóteles, *Problemata*, 917b. Citado em Arthur Schopenhauer, *The world as will and representation* (1844). Trad. E.F.J. Payne. Nova York: Dover, 1958, v. 1, p. 260.

P. 18 *Platão condenou*: Platão, *República*, 399a-400e; *Leis*, 668-669.

P. 18 *"prazeres do ouvido"*: Agostinho, *Confessions* (397). Trad. R.S. Pine-Coffin. Harmondsworth: Penguin, 1985, p. 238.

P. 18 *Calvino alerta os fiéis*: ver Barbara Ehrenreich, *Dancing in the streets: a history of collective joy*. Nova York: Picador, 2006, pp. 142-8.

P. 18 *Descartes temia que a música*: ver Kate van Orden, "Descartes on musical training and the body". In *Music, sensation, and sensuality*. Ed. Linda P. Austern. Nova York: Routledge, 2002, pp. 17-37.

P. 18 *"capitulação diante da barbárie"*: Theodor W. Adorno, "Moda intemporal: sobre o jazz" (1953). In *Prismas*. Trad. Augustin Wernet e Jorge Mattos Brito de Almeida. São Paulo: Ática, 1998, p. 125.

P. 19 *"A estrada dos excessos"*: William Blake, "Proverbs of hell" (1790). In *Complete poems*. Ed. A. Ostriker. Harmondsworth: Penguin, 1977, p. 183 e p. 184; ver também a observação de T.S. Eliot citada em Bernard Williams, *Shame and necessity*. Berkeley: University of California Press, 1993, p. x.

P. 21 *a rainha Vitória recusou-se*: ver David Weeks e Jamie James, *Eccentrics*. Londres: Phoenix, 1995, p. 164.

P. 21 *"Ninguém sustenta fervorosamente"*: Bertrand Russell, "Voltaire's influence on me" (1958). Citado em Paul Johnson, *Intellectuals*. Londres: Weidenfeld, 1988, p. 209.

P. 21 *"Só os deuses podem prometer"*: Jorge Luis Borges, "The unending gift" (1969). In *Elogio da sombra*. Trad. Carlos Nejar e Alfredo Jacques. Porto Alegre: Globo, 1977, p. 13.

P. 22 *"a tarefa da ciência"*: Niels Bohr, citado em John Horgan, *O fim da ciência*. Trad. Rosaura Eichenberg. São Paulo: Companhia das Letras, 1998, p. 338.

P. 23   *Gradualmente, o animal humano*: adaptado de Thomas Nagel, "The absurd". In *Mortal questions*. Cambridge: Cambridge University Press, 1991, p. 15.

P. 24   *"Os nossos pensamentos são nossos"*: William Shakespeare, *Hamlet* (1604). Ed. Harold Jenkins. Londres: Methuen, 1982, ato III, cena 2, linha 208, p. 300.

P. 24   *"as leis do movimento prescritas"*: ver E.J. Dijksterhuis, *The mechanization of the world picture*. Trad. C. Dikshoorn. Nova Jersey: Princeton University Press, 1986, pp. 486-7; e também Friedrich Nietzsche, *A gaia ciência* (1882). Trad. Paulo César de Souza. São Paulo: Companhia das Letras, 2001, §37, p. 82: "A ciência foi promovida nos últimos séculos, em parte porque com ela e mediante ela se esperava compreender melhor a bondade e a sabedoria divinas — o motivo principal na alma dos grandes ingleses (como Newton)".

P. 24   *"o alfabeto no qual Deus"*: Robert Boyle, citado em E.A. Burtt, *The metaphysical foundations of modern science*. Londres: Routledge & Kegan Paul, 1932, pp. 172-3.

P. 24   *"o conhecimento mais pleno"*: J. Kepler, citado em E.A. Burtt, *The metaphysical foundations of modern science*. Londres: Routledge & Kegan Paul, 1932, p. 61.

P. 24   *"se formar uma ideia"*: C. von Lineus, citado em Knut Hagberg, *Carl Linnaeus: a biography*. Trad. Alan Blair. Londres: Jonathan Cape, 1952, p. 191.

P. 25   *"a matéria não tem liberdade"*: I. Kant, "Opening discourse" (1755). In *Universal natural history and theory of the heavens*. Ed. Stanley L. Jaki. Glasgow: Scottish Academic Press, 1981, §15, p. 86.

P. 25   *"a natureza é o próprio código de Deus"*: Basil Willey atribui a máxima latina "*Natura codex est Dei*" a São Bernardo de Claraval (c. 1090-1153) em *The eighteenth century background*. Londres: Chatto and Windus, 1940, p. 42.

P. 26 *"por que os homens estão aqui"*: Jacques Monod, *O acaso e a necessidade*. Citado em John Passmore, *Science and its critics*. Londres: Duckworth, 1978, p. 23.

P. 26 *só quatro em cada cem homens*: ver Peter Brown, *The body & society: men, women, and sexual renunciation in early Christianity*. Nova York: Columbia University Press, 2008, p. 6.

P. 27 *hoje no império americano*: as estatísticas demográficas citadas em seguida têm como fonte: Robert Fogel, *The fourth great awakening and the future of egalitarianism*. Chicago: Chicago University Press, 2000, p. 166; Tom Kirkwood, *Time of our lives: the science of human aging*. Oxford: Oxford University Press, 1999, p. 5; e Angus Maddison, *The world economy: a millenial perspective*. Paris: OCDE, 2001, p. 31.

P. 27 *"Enquanto existo"*: Lucrécio, *De rerum natura* (séc. I a.C.). Livro 3, linhas 830-1094; a partir da sentença de Epicuro na "Carta a Meneceu" in Diógenes Laércio, "Epicurus" (séc. III d.C.). In *Lives of eminent philosophers*. Trad. R.D. Hicks. Cambridge, Mass.: Harvard University Press, 1925, v. 2, §125, p. 651.

P. 27 *"existem coisas"*: Heráclito, fragmento 67. In Philip Wheelwright, *Heraclitus*. Oxford: Oxford University Press, 1999, p. 68.

P. 28 *"sentir-se em casa no universo"*: ver a definição de sentimento religioso-metafísico em William James, *The varieties of religious experience*. Londres: Longmans, Green & Co., 1916, pp. 35-41.

P. 29 *"Quanto mais o universo"*: Steven Weinberg, *The first three minutes: a modern view of the origin of the universe*. Nova York: Basic Books, 1993, p. 154.

P. 30 *"O silêncio eterno"*: Blaise Pascal, *Pensées* (1670). Trad. Honor Levi. Oxford: Oxford University Press, 1995, p. 26.

P. 30 *"Discordo de alguns amigos"*: Frank P. Ramsey, "Epilogue" (1925). In *Philosophical papers*. Ed. D.H. Mellor. Cambridge: Cambridge University Press, 1990, p. 249.

P. 31 *"Um homem não sente"*: Avicena (séc. XI). In *Versiones y diversiones*. Trad. Octavio Paz. Barcelona: Galáxia Gutenberg, 2000, p. 655.

P. 31 *A jovem modelo*: o exemplo em seguida foi adaptado de Bernard Williams, *Shame and necessity*. Berkeley: University of California Press, 1993, p. 220.

P. 33 *"nenhuma espécie"*: Edward O. Wilson, *On human nature*. Citado em Loyal Rue, *By the grace of guile: the role of deception in natural history and human affairs*. Oxford: Oxford University Press, 1994, p. 275.

P. 35 *não se exaurem e gemem*: adaptado de Walt Whitman, *Song of myself* (1855), linhas 688-92. In *Complete poems*. Ed. Murphy. Harmondsworth: Penguin, 1975, pp. 94-5.

P. 36 *"pensar em Deus"*: Fernando Pessoa/Alberto Caeiro, "O guardador de rebanhos" (1914). In *Obra poética*. Ed. Maria Aliete Galhoz. Rio de Janeiro: Nova Aguilar, 1976, p. 208.

P. 37 *"minha ideia de Deus"*: Miguel de Unamuno, *Tragic sense of life* (1921). Trad. J.E. Crawford Flitch. Nova York: Dover, 1954, p. 90; sobre o abuso do nome divino, ver também Goethe, *Conversations with Johann Peter Eckermann* (1836). Trad. John Oxenford. Londres: Da Capo Press, 1998, 4 dez. 1823, p. 29.

P. 38 *Se Ele deseja prevenir*: adaptado de David Hume, *Dialogues concerning natural religion* (1779). Ed. John V. Price. Oxford: Oxford University Press, 1976, pp. 226-7.

P. 40 *"Frazer é muito mais selvagem"*: Ludwig Wittgenstein, *Remarks on Frazer's* Golden bough (1931). Ed. Rush Rhess. Retford: Brynmill Press, 1979, p. 8e; ver também o comentário de Joseph Campbell em *Myths to live by*. Londres: Penguin, 1993, p. 12: "Ao lermos o grande e justamente celebrado *Golden bough* de Sir James G. Frazer, cuja primeira edição apareceu em 1890, lidamos com um autor típico do século XIX, e que acreditava que as superstições da mitologia seriam finalmente refutadas pela ciência e deixadas em definitivo para trás".

P. 40 *"a existência de Deus"*: Richard Dawkins, *The God delusion*. Boston: Houghton Mifflin, 2006, p. 50; o grande precursor do ateísmo militante e da ciência como religião no século XIX foi o biólogo inglês Thomas H. Huxley: "Eu afirmo que o conhecimento natural, visando satisfazer necessidades naturais, encontrou as ideias que podem saciar por si sós as nossas demandas espirituais" ("On the advisableness of improving natural knowledge" (1866). In *Method and results*. Londres: Macmillan, 1904, p. 31).

P. 41 *"febre de Além"*: Fernando Pessoa, *Mensagem* (1934). In *Obra poética*. Ed. Maria Aliete Galhoz. Rio de Janeiro: Nova Aguilar, 1976, p. 75.

P. 41 *Constantino, o primeiro imperador*: ver David Potter, *Constantine the emperor*. Oxford: Oxford University Press, 2013, p. 143.

P. 42 *"o soldado que reza melhor"*: Oliver Cromwell, citado em *Penguin dictionary of English history*. Ed. E. N. Williams. Harmondsworth: Penguin, 1980, p. 110.

P. 42 "Gott mit uns": ver Robert M. Spector, *World without civilization: mass murder and the holocaust*. Lanham: University Press of America, 2005, v. 1, p. 14.

P. 42 "In God we trust": a inscrição surgiu nas moedas estadunidenses em 1864 e, em 1955, tornou-se obrigatória em todo meio circulante do país; ver o artigo "Help from the hidden hand". *The Economist*, 21 ago. 1999, p. 26.

P. 42 *"Em nossas grandes cidades"*: Ralph Waldo Emerson, "Worship" (1860). In *Complete works*. Ed. A.C. Hearn. Edimburgo, 1907, p. 546.

SEGUNDA PARTE [PP. 44-82]

P. 47 *o cínico é aquele*: Oscar Wilde, *Lady Windermere's fan* (1893). Citado em Kenneth Arrow, "I know a hawk from a handsaw". In *Eminent economists*. Ed. M. Szenberg. Cambridge: Cambridge University Press, 1992, p. 48.

P. 47 *"a aprovação judiciosa"*: Adam Smith, *The theory of moral sentiments* (1759). Ed. D.D. Raphael e A.L. Macfie. Oxford: Oxford University Press, 1976, p. 253.

P. 48 *a natureza vem sendo submetida*: as evidências de devastação ambiental apresentadas em seguida têm como fonte Stephen Emmott, *10 billion*. Londres: Penguin, 2013, pp. 54-7.

P. 48 *os melhores modelos*: ver Oliver Morton, "Warming up". *The Economist: the world in 2013*, 21 nov. 2012, p. 89; a metáfora da roleta-russa tem como base as estimativas de Robert Socolow, analista de energia e política do clima da Universidade de Princeton.

P. 49 *a proporção de domicílios*: ver David Owen, "The efficiency dilemma". *The New Yorker*, dez. 2010, pp. 80-1; ver também *The Economist*, 28 jul. 2012, p. 60.

P. 50 *"um pesadelo com ar-condicionado"*: título da coletânea de ensaios publicada por Henry Miller em 1945.

P. 50 *experimento mental*: ver Derek Parfit, *Reasons and persons*. Oxford: Clarendon Press, 1987, pp. 75-86.

P. 51 *o primeiro bilhão*: ver Partha Dasgupta e Veerabhadran Ramanathan, "Pursuit of the common good". *Science* 345 (2014), p. 1458.

P. 52 *trabalhar sem a menor alegria*: adaptado de Carlos Drummond de Andrade, "Elegia 1938" (1940). In *Poesia completa*. Ed. Gilberto Mendonça Teles. Rio de Janeiro: Nova Aguilar, 2002, p. 86.

P. 52 *Outrora eram as feras*: adaptado de Lucrécio, *De rerum natura* (séc. I a.C.). Livro 5, linhas 1010-2.

P. 53 *"Nascer é uma desgraça"*: "*Nasci miserum, vivere poena, angustia mori*", atribuído a São Bernardo de Claraval (*c*. 1090--1153).

P. 54 *"no princípio era a ação"*: J.W. von Goethe, *Fausto* (1808). Trad. W. Kaufmann. Nova York: Anchor Books, 1963, linha 1237, p. 153; o enunciado do herói trágico de Goethe é a forma como ele reescreve, vertendo para o "adorado alemão", a sentença que abre o Evangelho segundo João no Novo Testamento: "No princípio era o verbo".

P. 54 *"o progresso contínuo do desejo"*: Thomas Hobbes, *Leviathan: or the matter, forme and power of a commonwealth ecclesiastical and civil* (1651). Ed. M. Oakeshott. Oxford: Oxford University Press, 1960, p. 63.

P. 54 *O filósofo grego Diógenes*: ver *Diogenes the cynic: sayings and anecdotes*. Trad. Robin Hard. Oxford: Oxford University Press, 2012, pp. 53-4; ver também Samuel Johnson, *Selected essays*. Ed. W.J. Bate. New Haven: Yale University Press, 1968, p. 262.

P. 55 *"Querei só o que podeis"*: Antônio Vieira, "Sermão da Terceira Dominga Post Epiphaniam" (1641).

P. 55 *ciência e tecnologia tiveram vidas paralelas*: ver Thomas S. Kuhn, "The relations between history and the history of science" (1971). In *The essential tension*. Chicago: The University of Chicago Press, 1977, pp. 127-61; e Jürgen Habermas, "Technology and science as 'ideology'" (1968). In *Toward a rational society*. Trad. Jeremy J. Shapiro. Londres: Heinemann, 1971, p. 104.

P. 57 *"agora que os amplos espaços"*: Francis Bacon, *The refutation of philosophies* (1734). In *The philosophy of Francis Bacon*. Ed. Benjamin Farrington. Liverpool: Liverpool University Press, 1964, p. 131; ver também Francis Bacon, *The new organon* (1620). Ed. Lise Jardine e Michael Silverstone. Cambridge: Cambridge University Press, 2000, §92, p. 77.

P. 57 *"Os deuses deram aos homens"*: Giordano Bruno, *Spaccio de la bestia trionfante* (1584). Citado em Benjamin Farrington, *The philosophy of Francis Bacon*. Liverpool: Liverpool University Press, 1964, p. 27.

P. 58 *Um bando de aventureiros*: adaptado de Paul L. Bernstein, *Against the gods*. Nova York: Wiley, 1996, p. 259.

P. 59 *"No fundo, houve apenas um cristão"*: Friedrich Nietzsche, *O Anticristo* (1895). Trad. Paulo César de Souza. São Paulo: Companhia das Letras, 2007, §39, p. 45.

P. 59 *"O mundo almejado por ele"*: Thomas Macaulay, "Lord Bacon" (1837). In *Essays*. Londres: Longmans, Green & Co., 1920, p. 405.

P. 59 *"O Contrato social"*: Bertrand Russell, *History of Western philosophy* (1946). Londres: Unwin, 1946, p. 674.

P. 59 *"Adam Smith seria a última pessoa"*: Alfred Marshall, *Industry and trade* (1919). Honolulu: University Press of the Pacific, 2003, apêndice D, §7, p. 747.

P. 60 *"A fama"*: Rainer Maria Rilke, *Rodin* (1902). Trad. Daniela Caldas. Rio de Janeiro: Relume Dumará, 1995, p. 21.

P. 60 *Quando Mahatma Gandhi*: ver Jonathan Margolis, *A brief history of tomorrow*. Londres: Bloomsbury, 2000, p. 69; ver também a observação de Friedrich Nietzsche em *The will to power* (1888). Trad. W. Kaufmann e R.J. Hollingdale. Nova York: Vintage, 1968, §241, p. 139: "O humor da cultura europeia: sustenta-se que *isto* é verdadeiro e faz-se *aquilo*".

P. 61 *"a única razão"*: John Stuart Mill, *On liberty and other writings* (1859). Ed. Stefan Collini. Cambridge: Cambridge University Press, 1989, p. 13; ver também Isaiah Berlin, "John Stuart Mill and the ends of life" (1959). In *Four essays on liberty*. Oxford: Oxford University Press, 1969, pp. 173-206.

P. 62 *Estima-se que um cidadão*: ver Allen D. Kanner e Mary E. Gomes, "The all-consuming self". In *Ecopsychology: restoring the earth, healing the mind*. Ed. Theodore Roszak, Mary E. Gomes e Allen D. Kanner. San Francisco: Sierra Club Books, 1995, p. 81; ver também Herbert Marcuse, "On hedonism" (1938). In *Negations*. Trad. Jeremy J. Shapiro. Boston: Beacon Press, 1968, pp. 159-200.

P. 64 *o número anual de tempestades*: sobre a frequência de eventos climáticos extremos, ver "Wise after the events". *The Economist*, 27 jun. 2015, p. 68 (com base em levantamento da companhia de resseguro alemã Munich Re); e Stephen Emmott, *10 billion*. Londres: Penguin, 2013, pp. 144-5.

P. 64 *modelos regionais de clima*: ver "Is it global warming or just the climate?". *The Economist*, 9 maio 2015, pp. 54-5.

P. 65 *"Só pelo sofrimento"*: Ésquilo, *Agamemnon* (séc. V a.C.). Citado em Melanie Klein, "Algumas reflexões sobre a *Oréstia*". In *O sentimento de solidão*. Trad. Paulo Dias Corrêa. Rio de Janeiro: Imago, 1975, p. 67.

P. 66 *"do conhecimento das causas"*: Francis Bacon, *The advancement of learning and New Atlantis* (1605 e 1627). Ed. Arthur Johnston. Oxford: Clarendon Press, 1974, p. 239.

P. 66 *"descobrir uma filosofia"*: René Descartes, *Discourse on the method of rightly conducting the reason and seeking for truth in the sciences* (1637). In *The philosophical works of Descartes*. Trad. Elizabeth S. Haldane e G.R.T. Ross. Cambridge: Cambridge University Press, 1931, v. 1, p. 119.

P. 68 *"a natureza é, por assim dizer, a noiva"*: G.W.F. Hegel, *Encyclopaedia of the philosophical sciences in outline* (1830). In *Hegel's philosophy of nature*. Trad. Michael John Petry. Londres: George Allen and Unwin, 1970, v. 1, p. 204; ver também a passagem citada em Georg Lukács, *El joven Hegel y los problemas de la sociedad capitalista* (1954). Trad. Manuel Sacristán. Barcelona: Grijalbo, 1970, p. 523.

P. 68 *"A natureza [...] deverá tornar-se"*: J.G. Fichte, citado em John Passmore, *Man's responsibility for nature*. Londres: Duckworth, 1980, p. 34; e Robin Attfield, *The ethics of environmental concern*. Oxford: Basil Blackwell, 1983, p. 74.

P. 69 *"a autoconsciência humana"*: Karl Marx, "On the difference between the Democritean and Epicurean philosophy of nature" (1841). In *Collected works*. Trad. Richard Dixon e Sally Struik. Londres: Lawrence & Wishart, 1975, v. 1, p. 30.

P. 69 *"até o pensamento"*: Karl Marx, citado em Georg Lukács, *El joven Hegel y los problemas de la sociedad capitalista* (1954). Trad. Manuel Sacristán. Barcelona: Grijalbo, 1970, p. 523; e Paul Lafargue, "Reminiscências de Marx" (1890). In *Con-*

ceito marxista de homem. Ed. Erich Fromm. Rio de Janeiro: Zahar, 1962, p. 205. A fórmula repete quase ipsis litteris a empregada por Hegel em suas aulas sobre *Naturphilosophie*: "todo produto do espírito, a pior das suas fantasias, o capricho dos seus ânimos mais arbitrários, uma mera palavra, são todos melhor evidência do ser divino do que qualquer objeto isolado" (*Hegel's philosophy of nature*. Trad. Michael John Petry. Londres: George Allen and Unwin, 1970, v. 1, p. 209).

P. 69 *"o enigma da história"*: Karl Marx, "Economic and philosophical manuscripts" (1844). In *Early writings*. Trad. Rodney Livingstone e Gregor Benton. Harmondsworth: Penguin, 1975, p. 348.

P. 70 *"Não nos congratulemos"*: Friedrich Engels, "The part played by labour in the transition from ape to man" (1896). In *Dialectics of nature*. Trad. Clemens Dutt. Moscou: Progress Publishers, 1954, p. 180.

P. 70 *antigo bloco soviético*: sobre a devastação ambiental na antiga União Soviética, ver Boris Komarov [pseudônimo do dissidente Zeev Wolfson], *The destruction of nature in the Soviet Union*. Trad. Michel Vale e Joe Hollander. Londres: Pluto Press, 1978.

P. 70 *A energia despejada*: ver Nicolas Georgescu-Roegen, *The entropy law and the economic process*. Cambridge, Mass.: Harvard University Press, 1971, p. 21: "o estoque total de recursos naturais não vale mais que alguns poucos dias de luz do sol".

P. 72 *"A própria ideia de conduzir"*: John Stuart Mill, "Chapters on socialism" (1879). In *On liberty and other writings*. Ed. Stefan Collini. Cambridge: Cambridge University Press, 1989, p. 273.

P. 79   *mercado de atores treinados*: ver Lidija Haas, "A more crocodile crocodile". *The London Review of Books*, 23 fev. 2012, p. 29.

P. 79   "bulusela shops": ver Christopher Ryan e Cacilda Jethá, *Sex at dawn: How we mate, why we stray, and what it means for modern relationships*. Nova York: Harper, 2010, p. 348, n. 32.

P. 79   *"Todo tipo de vício"*: Carl G. Jung, citado em Richard Davenport-Hines, *The pursuit of oblivion*. Londres: Weidenfeld & Nicolson, 2001, p. ix.

P. 80   *O pagamento em dinheiro*: adaptado de Thomas Carlyle, *Chartism* (1839). In *Selected writings*. Ed. Alan Shelston. Harmondsworth: Penguin, 1971, p. 195: "*Cash payment has become the sole nexus of man to man!*".

P. 80   *A rua onde voz e buzina*: adaptado de Carlos Drummond de Andrade, "Prece de mineiro no Rio" (1958). In *Poesia completa*. Ed. Gilberto Mendonça Teles. Rio de Janeiro: Nova Aguilar, 2002, p. 432.

P. 80   *"O espaço inocupado"*: Paul Valéry, "The outlook for intelligence" (1935). In *The collected works of Paul Valéry*. Trad. Denise Folliot e Jackson Mathews. Princeton: Princeton University Press, 1989, v. 10, pp. 141-3; ver também Friedrich Nietzsche, *A gaia ciência* (1882). Trad. Paulo César de Souza. São Paulo: Companhia das Letras, 2001, §329, pp. 218-9; e Theodor Adorno, *Minima moralia* (1951). Trad. Luiz Eduardo Bicca. São Paulo: Ática, 1993, §91, p. 121.

P. 82   *a frequência do acesso*: ver "Why is everyone so busy". *The Economist*, 20 dez. 2014, p. 94.

TERCEIRA PARTE [PP. 83-135]

P. 84 *Cíneas, o favorito de Pirro*: ver Plutarco, "Pirro" (séc. I d.C.). In *Vidas paralelas*. Trad. Antonio Romanillos. Buenos Aires: El Ateneo, 1952, v. 1, p. 690.

P. 85 *"Àqueles habituados à posse"*: Adam Smith, *The theory of moral sentiments* (1759). Ed. D.D. Raphael e A.L. Macfie. Oxford: Oxford University Press, 1976, p. 57.

P. 85 *Ao ver Diógenes*: ver *Diogenes the cynic: sayings and anecdotes*. Trad. Robin Hard. Oxford: Oxford University Press, 2012, p. 33.

P. 85 *Caim foi cultivar o solo*: ver Antigo Testamento, Gênesis (4,1-16).

P. 87 *"Por meios honestos"*: Horácio, *Epistulae* (séc. I a.C.). Livro 1, epístola 1, linhas 65-6.

P. 88 *"o trabalhador só se sente"*: Karl Marx, "Economic and philosophical manuscripts" (1844). In *Early writings*. Trad. Rodney Livingstone e Gregor Benton. Harmondsworth: Penguin, 1975, p. 326.

P. 89 *A expressão de alívio*: ver Diógenes Laércio, "Socrates" (séc. III d.C.). In *Lives of eminent philosophers*. Trad. R.D. Hicks. Cambridge, Mass.: Harvard University Press, 1925, v. 1, §25, p. 155.

P. 90 *"quando tiver desaparecido"*: Karl Marx, *Crítica ao Programa de Gotha* (1875). In *Textos*. São Paulo: Alfa Omega, 1977, v. 1, p. 232.

P. 90 *"Trabalhar pelo preço oferecido"*: John Stuart Mill, *Principles of political economy* (1848). In *Collected works*. Ed. J.M. Robson. Toronto: Toronto University Press, 1965, v. 3, p. 766.

p. 91 *"A riqueza demandada"*: Epicuro, "Máximas principais" (séc. III a.C.). In *Epicurus: the extant remains*. Trad. Cyril Bailey. Oxford: Oxford University Press, 1926, §15, p. 99.

p. 91 *"Três quartos das demandas"*: John Ruskin, "Ad valorem" (1862). In *Unto this last*. Ed. J.D.C. Monfries e G.E. Hollingworth. Londres: University Tutorial Press, sem data, p. 73.

p. 92 *No caso estadunidense*: os dados sobre renda e pobreza em seguida têm como fonte Robert Fogel, *The fourth great awakening and the future of egalitarianism*. Chicago: Chicago University Press, 2000, pp. 170-1.

p. 93 riqueza democrática [...] riqueza oligárquica: ver Fred Hirsch, *Social limits to growth*. Londres: Routledge & Kegan Paul, 1977, pp. 23-6.

p. 93 *"ocupar um lugar de honra"*: Nicolas Malebranche, *The search after truth* (1674). Trad. Thomas M. Lennon e Paul J. Olscamp. Cambridge: Cambridge University Press, 1997, p. 162; ver também Adam Smith, *The theory of moral sentiments* (1759). Ed. D.D. Raphael e A.L. Macfie. Oxford: Oxford University Press, 1976, p. 50.

p. 93 *"bens posicionais"*: Fred Hirsch, *Social limits to growth*. Londres: Routledge & Kegan Paul, 1977, pp. 27-31.

p. 93 *"Para a maior parte das pessoas"*: Adam Smith, *An inquiry into the nature and the causes of the wealth of nations* (1776). Ed. R.H. Campbell e A.S. Skinner. Oxford: Oxford University Press, 1976, v. 1, p. 190.

p. 94 *"só me interessam as posses"*: Petrônio, *Satíricon* (séc. I d.C.). Citado em Arthur O. Lovejoy, *Reflections on human nature*. Baltimore: The Johns Hopkins Press, 1961, p. 213.

P. 94 *"O luxo é de fato possível"*: John Ruskin, "Ad valorem" (1862). In *Unto this last*. Ed. J.D.C. Monfries e G.E. Hollingworth. Londres: University Tutorial Press, sem data, p. 91.

P. 95 *O anúncio do Cadillac*: ver Gary Cross, *An all-consuming century: why commercialism won in modern America*. Nova York: Columbia University Press, 2000, p. 176; ver também Peter F. Drucker, *Adventures of a bystander*. New Brunswick: Transaction Publishers, 1994, p. 269: "A política da montadora [General Motors nos anos 1920] era não vender Cadillacs para os negros — o setor de vendas visava o mercado branco de 'prestígio'. Mas os negros desejavam tanto possuir um Cadillac que pagavam um prêmio substancial para que um branco fizesse a compra em seu lugar [...] um Cadillac era o único símbolo de sucesso que um negro afluente podia comprar".

P. 95 A corrida armamentista do consumo: conceito desenvolvido com base na análise de Robert Frank em "The frame of reference as a public good". *Economic Journal* 107 (1997), p. 1840.

P. 96 *"quanto mais se possui"*: Horácio, *Epistulae* (séc. I a.C.). Livro 2, epístola 2, linhas 146-8; ver também Gary Cross, *An all-consuming century: why commercialism won in modern America*. Nova York: Columbia University Press, 2000, pp. 178 e 222.

P. 97 *"Deus dá o frio"*: Adoniran Barbosa no samba "Saudosa maloca" (1955).

P. 97 *ascensão da indústria da beleza*: os dados em seguida têm como fonte a reportagem especial "The beauty business: pots of promise". *The Economist*, 22 maio 2003 (disponível na internet).

P. 97 *"O nosso negócio é fazer"*: Earl Puckett, citado em Alan Thein Durning, "Are we happy yet?". In *Ecopsychology:*

restoring the Earth, healing the mind. Ed. Theodore Roszak, Mary E. Gomes e Allen D. Kanner. San Francisco: Sierra Club Books, 1995, pp. 72-3.

P. 98 *A caminho da escola*: ver Robert Frank, citado em M. Rabin, "Psychology and economics". Universidade da Califórnia, Berkeley. Mimeografado, 1996, p. 24; ver também Thomas Piketty, *Capital in the twenty-first century*. Trad. Arthur Goldhammer. Cambridge, Mass.: Belknap Harvard, 2014, p. 31 e p. 19: "A desigualdade não é necessariamente má em si mesma: a questão-chave é decidir se ela é justificada, se existem razões para ela".

P. 100 *"O ouro é uma coisa maravilhosa"*: Cristóvão Colombo, carta sobre a quarta viagem de 7 de julho de 1503: *"el oro es excelentísimo, del oro se hace tesoro, y con él, quien lo tiene hace cuanto quiere en el mundo, y llega a que echa las ánimas al Paraíso"*; citada em Sérgio Buarque de Holanda, *Visão do paraíso* (1959). São Paulo: Brasiliense, 1992, p. 14; e Karl Marx, *Capital: a critique of political economy* (1867). Trad. Ben Fowkes. Harmondsworth: Penguin, 1976, v. 1, p. 229.

P. 100 *uma reação que se expressa*: adaptado de Loyal Rue, *By the grace of guile*. Oxford: Oxford University Press, 1994, p. 151.

P. 101 *"nós naturalmente estimamos"*: David Hume, *A treatise of human nature* (1740). Ed. L.A. Selby-Bigge. Oxford: Oxford University Press, 1978, p. 361.

P. 101 *"Se as mulheres não existissem"*: a frase de Onassis se assemelha à visão do protagonista de *Sonata a Kreutzer* de Liev Tolstói: "São as mulheres quem exige e sustenta todo o luxo da existência. [...] As mulheres, qual rainhas, mantêm na prisão do trabalho penoso e escravo nove décimos da espécie humana" (Trad. Boris Schnaiderman. São Paulo: Editora 34, 2010, p. 35).

P. 102 *Um experimento realizado*: G. Shohat-Ophir, K.R. Kaun e R. Azanchi, "Sexual deprivation increases ethanol intake in *Drosophila*". *Science* 335 (2012): 1351-5.

P. 103 *Calvin Coolidge*: ver Christopher Ryan e Cacilda Jethá, *Sex at dawn: how we mate, why we stray, and what it means for modern relationships*. Nova York: Harper, 2010, p. 288.

P. 104 *"A maioria dos maridos"*: Honoré de Balzac, *La physiologie du mariage* (1830). Citado em Christopher Ryan e Cacilda Jethá, *Sex at dawn: how we mate, why we stray, and what it means for modern relationships*. Nova York: Harper, 2010, p. 115.

P. 108 *"solitária, miserável, sórdida"*: Thomas Hobbes, *Leviathan: or the matter, form and power of a commonwealth ecclesiastical and civil* (1651). Ed. M. Oakeshott. Oxford: Oxford University Press, 1960, pp. 82-3.

P. 109 *"Passam o dia a dançar"*: Michel de Montaigne, "Dos canibais" (1592). In *Ensaios*. Trad. Sérgio Milliet. São Paulo: Abril, 1972, pp. 106-7.

P. 110 *"escravo abominável"*: William Shakespeare, *The tempest* (1623). Ed. Frank Kermode. Londres: Routledge, 1964, ato I, cena 2, linhas 353-5.

P. 111 *"Quando os antropólogos chegam"*: citado em Joseph Campbell, *O voo do pássaro selvagem: ensaios sobre a universalidade dos mitos*. Trad. Ruy Jungman. Rio de Janeiro: Rosa dos Tempos, 1997, p. 81.

P. 111 *"Onde quer que os homens"*: Emil Cioran, *The trouble with being born*. Trad. Richard Howard. Nova York: Arcade, 1976, p. 140; ver também Condorcet, *Sketch for a historical picture of the progress of the human mind* (1795). Trad. June Barraclough. Westport: Greenwood Press, 1955, p. 24.

P. 112 *"As mercadorias deixam os brancos"*: Davi Kopenawa e Bruce Albert, *A queda do céu: Palavras de um xamã yanomami*. Trad. Beatriz Perrone-Moisés. São Paulo: Companhia das Letras, 2015, p. 413.

P. 113 *"subordinar a ação e a vida ativa"*: Francis Bacon, *The advancement of learning and New Atlantis* (1605 e 1627). Ed. Arthur Johnston. Oxford: Clarendon Press, 1974, p. 321.

P. 113 *"a natureza no homem"*: Francis Bacon, "Of nature in men" (1625). In *The essays*. Londres: Macmillan, 1900, p. 97.

P. 113 *Em 1621, no ápice de seu poder*: ver B. Farrington, *Francis Bacon, philosopher of industrial science*. Londres: Lawrence & Wishart, 1951, p. 159; e Thomas Macaulay, "Lord Bacon" (1837). In *Essays*. Londres: Longmans, Green & Co., 1920, pp. 379-92.

P. 114 *"Falando em termos gerais"*: Sigmund Freud, "Moral sexual 'civilizada' e doença nervosa moderna" (1924). In *Pequena coleção das obras de Freud*. Ed. Jayme Salomão. Livro 31. Rio de Janeiro: Imago, 1976, p. 31.

P. 115 *"Nossa ascendência, portanto"*: Charles Darwin, *Early writings of Charles Darwin*. Ed. Paul H. Barrett. Chicago: The University of Chicago Press, 1974, p. 29.

P. 115 *"todo elogio da civilização"*: John Stuart Mill, "Nature" (1874). In *Nature and utility of religion*. Ed. George Nakhnikian. Indianápolis: Bobbs-Merrill, 1958, pp. 15 e 31 (ênfase minha).

P. 116 *"Somente a organização consciente"*: Friedrich Engels, *Dialectics of nature* (1886). Trad. Clemens Dutt. Moscou: Progress Publishers, 1954, p. 35 (ênfase minha); ver também Marcel Prenant, *Biology and marxism*. Trad. C.D. Greaves. Londres: Lawrence & Wishart, 1938, p. 49; e Alfred Schmidt, *The concept of nature in Marx*. Trad. Ben Fowkes. Londres:

Verso, 2014, cap. 4 ("A utopia e a relação entre o homem e a natureza"), pp. 128-63.

P. 116 *a condição moral do escravo*: ver G.W.F. Hegel, *The philosophy of history*. Trad. J. Sibree. Nova York: Dover, 1956, p. 99.

P. 117 *Querem saber a história*: adaptado de Denis Diderot, *Supplément au voyage de Bougainville* (1771). In *Oeuvres*. Ed. André Billy. Paris: Gallimard, 1951, p. 998.

p. 118 *"casado, fútil, cotidiano"*: Fernando Pessoa/Álvaro de Campos. "Lisbon revisited" (1923). In *Obra poética*. Ed. Maria Aliete Galhoz. Rio de Janeiro: Nova Aguilar, 1976, p. 357.

p. 119 *"Você pode expelir a natureza"*: Horácio, *Epistulae* (séc. I a.C.). Livro 1, epístola 10, linha 24.

p. 119 *"Eles falam mal de mim?"*: Epicteto, "The *encheiridion*, or manual" (séc. I d.C.). In *Epictetus*. Trad. W.A. Oldfather. Cambridge, Mass.: Harvard University Press, 1928, vol. 2, p. 519.

p. 120 *"os homens inventaram a linguagem"*: Voltaire, citado em Bernard Williams, *Truth and truthfulness*. Princeton: Princeton University Press, 2002, p. 44.

p. 120 *"Deixem que seus pecados"*: Gautama Buda, citado em Friedrich Nietzsche, *Aurora* (1881). Trad. Paulo César de Souza. São Paulo: Companhia das Letras, 2004, §558, p. 278.

p. 120 *"quanto mais civilizados"*: I. Kant, citado em Richard Davenport-Hines, *The pursuit of oblivion*. Londres: Weidenfeld & Nicolson, 2001, p. 35; ver também I. Kant, "Idea for a universal history with a cosmopolitan purpose" (1784). In *Kant's political writings*. Trad. H. Reiss. Cambridge: Cambridge University Press, 1970, §7, p. 49.

p. 120 *"estamos tão acostumados"*: La Rochefoucauld, *Maxims* (1665). Trad. L. Tancock. Harmondsworth: Penguin, 1967, §119, p. 52.

p. 121 *Em dezembro de 2010*: ver Catherine Hakim, *Erotic capital*. Nova York: Basic Books, 2011, p. 175; a publicação da brochura e a repercussão do caso receberam ampla cobertura na internet.

p. 122 *possivelmente na feitoria de Cabo Frio*: ver Thomas More, *Utopia* (1516). Ed. George M. Logan e Robert M. Adams. Cambridge: Cambridge University Press, 1989, pp. 10- -2; e Oswald de Andrade, "A marcha das utopias" (1953). In *Obras completas: A utopia antropofágica*. Ed. Benedito Nunes. São Paulo: Globo, 2011, p. 224.

p. 123 *aspectos menos enaltecedores*: adaptado de Quentin Skinner, *The foundations of modern political thought*. Cambridge: Cambridge University Press, 1978, v. 1, p. 256.

p. 123 *"a praga primordial"*: Thomas More, *Utopia* (1516). Ed. George M. Logan e Robert M. Adams. Cambridge: Cambridge University Press, 1989, p. 109.

p. 124 *"cada um, continuamente [...] honesto repouso"*: Thomas More, *Utopia* (1516). Ed. George M. Logan e Robert M. Adams. Cambridge: Cambridge University Press, 1989, pp. 60-1.

p. 124 *"o principal é que ninguém"*: Platão, *Laws* (séc. IV a.C.), 942. Trad. A.E. Taylor. Londres: J.M. Dent & Sons, 1934, p. 335; ver também F.M. Cornford, "Plato's commonwealth" (1935). In *The unwritten philosophy*. Ed. W.K.C. Guthrie. Cambridge: Cambridge University Press, 1967, pp. 47-67.

p. 124 *"se eu tivesse de escolher"*: Jean-Jacques Rousseau, "Discourse on the origin and foundations of inequality among men" (1755). In *The discourses and other early political writings*. Trad. Victor Gourevitch. Cambridge: Cambridge University Press, 1997, p. 114.

P. 125 *"um luxo não autorizado"*: Friedrich Nietzsche, *Human, all too human* (1878). Trad. R.J. Hollingdale. Cambridge: Cambridge University Press, 1996, §473, p. 173.

P. 125 *"se um homem se divorcia"*: Novo Testamento, Evangelho segundo Mateus (19,9-11).

P. 126 *escala cristã da virtude*: adaptado de Simon Blackburn, *Lust: the seven deadly sins*. Nova York: Oxford University Press, 2004, p. 60.

P. 126 *"Quem é ardoroso"*: São Jerônimo, citado em Jean-Louis Flandrin, *Families in former times: kinship, household and sexuality*. Trad. Richard Southern. Cambridge: Cambridge University Press, 1979, p. 161.

P. 126 *"Mas eu digo: qualquer um"*: Novo Testamento, Evangelho segundo Mateus (5,28-29).

P. 127 *"existe criatura mais perversa"*: Antigo Testamento, Eclesiástico (31,13).

P. 127 *Mas coube a São Paulo*: ver Peter Brown, *The body & society: men, women, and sexual renunciation in early Christianity*. Nova York: Columbia University Press, 2008, pp. 53-7.

P. 127 *"Fogo e chamas por um ano"*: Tomasi di Lampedusa, *O leopardo* (1958). Trad. Rui Cabeçadas. São Paulo: Difusão Europeia do Livro, 1963, p. 63; sobre a dinâmica sexual do casamento monogâmico, ver também Sigmund Freud, "Moral sexual 'civilizada' e doença nervosa moderna" (1924). In *Pequena coleção das obras de Freud*. Ed. Jayme Salomão. Livro 31. Rio de Janeiro: Imago, 1976, p. 45; e Christopher Ryan e Cacilda Jethá, *Sex at dawn: how we mate, why we stray, and what it means for modern relationships*. Nova York: Harper, 2010, pp. 293-5.

P. 127 *"o casamento sai do amor"*: George G. Byron, citado em André Maurois, *Byron*. Trad. H. P. de Lemos Bastos. Rio de Janeiro: Irmãos Pongetti, 1944, p. 227.

P. 128 *o envenenamento de tudo*: ver Friedrich Nietzsche, *Aurora* (1881). Trad. Paulo César de Souza. São Paulo: Companhia das Letras, 2004, §76, pp. 59-60; ver também Peter Brown, *The body & society: men, women, and sexual renunciation in early Christianity*. Nova York: Columbia University Press, 2008, p. 86.

P. 128 *"no inferno onde o verme"*: Novo Testamento, Evangelho segundo Marcos (9,47-48).

P. 131 *"Desejo sem ação"*: William Blake, "Proverbs of hell" (1790). In *Complete poems*. Ed. A. Ostriker. Harmondsworth: Penguin, 1977, p. 183.

P. 132 uma em cada cinco *pessoas*: os dados sobre transtornos mentais em seguida têm como fonte a Organização Mundial da Saúde, e foram resumidos e analisados em "Out of the shadows". *The Economist*, 25 abr. 2015, pp. 56-7; e John Prideaux, "The age of unreason". *The Economist*, reportagem especial, 11 jul. 2015, pp. 3-12.

P. 132 *"Nas sociedades ocidentais"*: Richard Layard e David M. Clark, *Thrive: the power of psychological therapy*. Londres: Penguin, 2015, p. 259.

P. 133 *degradação do ambiente psicossocial*: ver Helge Waal, "To legalize or not to legalize: is that the question?". In *Getting hooked: rationality and addiction*. Ed. Jon Elster e Ole-Jorgen Skog. Cambridge: Cambridge University Press, 1999, p. 167; e Ralph Metzner, "The psychopatology of the human-nature relationship". In *Ecopsychology: restoring the Earth, healing the mind*. Ed. Theodore Roszak, Mary E. Gomes e Allen D. Kanner. San Francisco: Sierra Club Books, 1995, p. 66.

P. 133 *"os desertos externos"*: Encyclical letter Laudato si' of the Holy Father Francis on care for our common home, 2015, §217, p. 158; ver também Ralph Waldo Emerson, "Nature" (1836). In *Complete works*. Ed. A.C. Hearn. Edimburgo, 1907, p. 846: "A ruína ou o vazio que vemos quando olhamos para a natureza está em nossos próprios olhos".

P. 133 "The American way of life": George Bush, citado em Allen D. Kanner e Mary E. Gomes, "The all-consuming self". In *Ecopsychology: restoring the Earth, healing the mind*. Ed. Theodore Roszak, Mary E. Gomes e Allen D. Kanner. San Francisco: Sierra Club Books, 1995, p. 78.

P. 134 *"A enfermidade do Ocidente"*: Octavio Paz, "Mexico y Estados Unidos" (1978). In *El laberinto de la soledad*. Ed. Enrico Mario Santi. Madri: Cátedra, 2003, p. 465.

P. 134 *Uma enquete feita*: ver Robert Wuthnow, "A good life and a good society: the debate over materialism". In *Rethinking materialism: perspectives on the spiritual dimension of economic behavior*. Ed. Robert Wuthnow. Grand Rapids: Eerdmans, 1995, pp. 1-21.

QUARTA PARTE [PP. 136-73]

P. 139 *"Se os primeiros colonos da América"*: Sérgio Buarque de Holanda, *Visão do paraíso* (1959). São Paulo: Brasiliense, 1992, p. xvii.

P. 140 *"entre as coisas desta vida"*: Calvino, citado em R.H. Tawney, *Religion and the rise of capitalism* (1926). Harmondsworth: Penguin, 1938, p. 114; ver também Vianna Moog, *Bandeirantes e pioneiros: Paralelo entre duas culturas*. Rio de Janeiro: Globo, 1955, p. 91.

P. 141 *"Nada ameaça de forma"*: George Steiner, *The idea of Europe*. Nova York: Overlook Duckworth, 2015, p. 60. Agradeço a Gino de Biasi Neto pela indicação de leitura.

P. 142 *"o sonho de uma ordem"*: James Truslow Adams, *The epic of America*. Boston: Little, Brown & Co., 1931, p. 404; ver também Nicholas Lemann, "Unhappy days for America". *The New York Review of Books*, 21 maio 2015, pp. 25-7.

P. 145 *Uma pessoa vivendo abaixo*: os dados em seguida têm como fonte William MacAskill, *Doing good better*. Londres: Guardian Faber, 2015, cap. 1 ("You are the 1 per cent").

P. 145 *"o inferno do inglês"*: Thomas Carlyle, *Past and present* (1858). Ed. A.M.D. Hughes. Oxford: Clarendon Press, 1918, p. 243.

P. 145 *"Especialistas sem espírito"*: Goethe, citado em Max Weber, *The Protestant ethic and the spirit of capitalism* (1905). Trad. Talcott Parsons. Londres: Routledge, 1992, p. 182.

P. 146 *o aparelho deslumbrou*: ver David S. Landes, *Revolution in time: clocks and the making of the modern world*. Cambridge, Mass.: Belknap Press, 2000, pp. 33-8; e Luigi Zoja, *Growth & guilt: psychology and the limits of development*. Trad. Henry Martin. Londres: Routledge, 1995, pp. 25-8.

P. 146 *"Três mil léguas contadas"*: Yüan Chieh, "Civilizatión" (séc. VIII). In *Versiones y diversiones*. Trad. Octavio Paz. Barcelona: Galáxia Gutenberg, 2000, pp. 543-4.

P. 147 *"Antes dos portugueses"*: Oswald de Andrade, "Manifesto antropófago" (1928). In *Obras completas*. Ed. Benedito Nunes. São Paulo: Globo, 2011, p. 72.

P. 148 *"E além do rio andavam"*: Pero Vaz de Caminha, citado em Mario Chamie, *Caminhos da Carta*. Ribeirão Preto: Fupec Editora, 2002, p. 204.

P. 149 *"de feições lindíssimas"*: padre João Daniel, citado em Vianna Moog, *Bandeirantes e pioneiros*. Rio de Janeiro: Globo, 1955, p. 97; ver também Paulo Prado, *Retrato do Brasil* (1928). Ed. Carlos Augusto Calil. São Paulo: Companhia das Letras, 1997, p. 78.

P. 150 *entrou em conflito*: ver Antonio Risério, *A utopia brasileira e os movimentos negros*. São Paulo: Editora 34, 2007, pp. 81--2; sobre o método jesuítico de cooptação dos curumins na catequização de adultos, ver Gilberto Freyre, *Casa-grande & senzala* (1933). Brasília: Editora Universidade de Brasília, 1963, p. 205: o curumim foi "o eixo da atividade missionária: dele o jesuíta fez o homem artificial que quis".

P. 150 *"mas quanto ao Gentio"*: Manoel da Nóbrega, carta a Tomé de Souza de 5 de julho de 1559 (disponível na internet).

P. 151 *os caetés ao deglutirem*: sobre o canibalismo como forma de obtenção de vida longa e eventual imortalidade nas culturas ameríndias, ver Eduardo Viveiros de Castro, "O mármore e a murta: sobre a inconstância da alma selvagem" (1993). In *A inconstância da alma selvagem*. São Paulo: Cosac & Naify, 2002, p. 257.

P. 153 *"Tanto nas plantações"*: Gilberto Freyre, *Casa-grande & senzala* (1933). Brasília: Editora Universidade de Brasília, 1963, p. 493.

P. 154 *"a teimosa vocação"*: Oswald de Andrade, "A marcha das utopias" (1953). In *Obras completas*. Ed. Benedito Nunes. São Paulo: Globo, 2011, p. 279.

P. 155 *"[O modo de produção capitalista]"*: Karl Marx, *Capital* (1867). Trad. Ben Fowkes. Harmondsworth: Penguin, 1976, v. 1, p. 649; para o contexto dessa passagem e a origem dos versos citados entre aspas por Marx, ver Eduardo Giannetti, *Vícios privados, benefícios públicos?* (1993). São Paulo: Companhia das Letras, 2007, p. 234, n. 14.

P. 155 *"o selvagem na floresta"*: Friedrich Hölderlin, carta ao irmão de 4 de junho de 1799. In *Reflexões*. Trad. Marcia C. de Sá Cavalcante e Antonio Abranches. Rio de Janeiro: Relume Dumará, 1994, p. 127.

P. 155 *"Não parece haver"*: Friedrich Nietzsche, *Além do bem e do mal* (1883). Trad. Paulo César de Souza. São Paulo: Companhia das Letras, 1996, §197, pp. 95-6; sobre a atitude de Nietzsche acerca de "toda a fornalha equatorial da vida interior", ver também Lesley Chamberlain, *Nietzsche in Turin*. Londres: Quartet Books, 1997, p. 90.

P. 156 *"exuberância tropical"*: Thomas Nagel, "Concealment and exposure" (1998). In *Concealment and exposure*. Oxford: Oxford University Press, 2002, p. 4.

P. 156 *"Sede perfeitos"*: Novo Testamento, Evangelho segundo Mateus (5,48).

P. 157 *Negro Act*: ver George Worlasi Kwasi Dor, *West African drumming and dance in North American universities: an ethnomusicological perspective*. Jackson: University Press of Mississipi, 2014, pp. 20-5.

P. 157 *Trinidad* [...] *Cuba*: ver Barbara Ehrenreich, *Dancing in the streets: a history of collective joy*. Nova York: Picador, 2006, pp. 177-8.

P. 157 *Com a proibição*: ver Antonio Risério, *A utopia brasileira e os movimentos negros*. São Paulo: Editora 34, 2007, p. 286.

P. 158 *ocasional pendor senhorial*: ver Gilberto Freyre, *Casa-grande & senzala* (1933). Brasília: Editora Universidade de Brasília, 1963, pp. 396-7.

P. 158 *o contraste da música negra*: ver Antonio Risério, *A utopia brasileira e os movimentos negros*. São Paulo: Editora 34, 2007, pp. 284-98.

P. 159 *"Creio, depois do que vi"*: Charles Darwin, citado em Victor von Hagen, *South America called them: explorations of the great naturalists*. Londres: R. Hale, 1949, p. 216.

P. 159 *"Perto do Rio de Janeiro"*: Charles Darwin, *Voyage of H.M.S. Beagle*. Nova York: D. Appleton & Co., 1896, p. 499.

P. 160 *"Antes de partir da Inglaterra"*: Charles Darwin, carta à irmã de 22 de maio de 1833 (disponível na internet).

P. 160 *"a linha dominante"*: Alexander von Humboldt, citado em A. da Silva Melo, *A superioridade do homem tropical*. Rio de Janeiro: Civilização Brasileira, 1965, p. 114; ver também Andrea Wulf, *The invention of nature: Alexander Humboldt's New World*. Nova York: Alfred A. Knopf, 2015, pp. 160-1.

P. 161 *Enquanto nos Estados Unidos*: ver Antonio Risério, *A utopia brasileira e os movimentos negros*. São Paulo: Editora 34, 2007, pp. 417 e 88 (com base em Sérgio D. J. Pena, "Retrato molecular do Brasil").

P. 161 *o léxico cromático*: ver Lilia Moritz Schwarcz, "Nem branco nem preto, muito pelo contrário: Cor e raça na intimidade". In *História da vida privada no Brasil: Contrastes da intimidade contemporânea*. Ed. Fernando A. Novais e Lilia Moritz Schwarcz. São Paulo: Companhia das Letras, 1998, v. 4, pp. 225-31.

P. 161 *as áreas de maior influência*: ver Antonio Risério, *A utopia brasileira e os movimentos negros*. São Paulo: Editora 34, 2007, pp. 251-76. Agradeço a Marcos Pompéia pela valiosa ajuda no levantamento e análise da presença do léxico africano no português brasileiro.

P. 162 *"O que quer, o que pode"*: Caetano Veloso no rap "Língua" (1984).

P. 163 *"Havia pessoas de todas as idades"*: Barbara Ehrenreich, *Dancing in the streets: a history of collective joy*. Nova York: Picador, 2006, pp. 260-1.

P. 164 *como um resenhista*: Vincent Crapanzano, "When we were happy". *The Times Literary Supplement*, 18 maio 2007 (disponível na internet).

P. 164 *"As nações são todas"*: Fernando Pessoa, "D. Tareja" (1928). In *Obra poética*. Ed. Maria Aliete Galhoz. Rio de Janeiro: Nova Aguilar, 1976, p. 73.

P. 165 *"se, à maneira do escultor"*: Rui Barbosa, *Cartas da Inglaterra* (1896). In *Obras completas*. Rio de Janeiro: Ministério da Educação e Saúde, 1946, v. 23:1, p. 11.

P. 166 *"os países da América Latina"*: Eugênio Gudin, "Conceito de Lippmann" (1961). In *Análise de problemas brasileiros*. Rio de Janeiro: Agir, 1965, p. 95. Ver também a observação de Fernando Henrique Cardoso: "Nós aqui somos [...] extremo Ocidente, mas no extremo Ocidente a presença não ocidental existe. E nós só queremos constatá-la no geral, mas não aspiramos criar um modelo para o mundo que seja alternativo ao Ocidente. A Índia talvez aspire. Queremos, sim, ter um espaço nesse modelo do Ocidente para algumas peculiaridades, e a Índia talvez queira outra coisa que não o Ocidente, como a China". *Diários da Presidência: 1995-1996*. São Paulo: Companhia das Letras, 2015, v. 1, p. 417.

P. 166 *"Se um grande povo"*: Fiódor Dostoiévski, *Os demônios* (1871). Trad. Paulo Bezerra. São Paulo: Editora 34, p. 252; ver também André Gide, *Dostoevsky*. Trad. Arnold Bennet. Londres: Secker & Warburg, 1949, p. 166.

P. 167 *"a primeira promessa de utopia"*: Oswald de Andrade, citado em Benedito Nunes, "Antropofagia ao alcance de todos". In *Obras completas*. Ed. Benedito Nunes. São Paulo: Globo, 2011, p. 51.

P. 167 *"O Brasil será um dos grandes"*: Osvaldo Aranha, citado por Oswald de Andrade em "A marcha das utopias" (1953). In *Obras completas*. Ed. Benedito Nunes. São Paulo: Globo, 2011, p. 226: "É exatamente o que penso", observa Oswald sobre a passagem citada.

P. 167 *"Ou o mundo se 'brasilifica'"*: Jorge Mautner na canção "Urge Dracon" (2002).

P. 168 *"um país pequeno"*: rei Leopoldo III da Bélgica, proprietário pessoal do Congo africano, citado em Michela Wrong, *In the footsteps of Mr. Kurtz: living on the brink of disaster in the Congo*. Londres: Fourth Estate, 2000, p. 51.

P. 168 *"Os infatigáveis e obcecados"*: John Maynard Keynes, "The economic possibilities for our grandchildren" (1930). In *Essays in persuasion*. Nova York: W.W. Norton, 1963, p. 368.

P. 173 "Tupi, or not tupi": Oswald de Andrade, "Manifesto antropófago" (1928). In *Obras completas*. Ed. Benedito Nunes. São Paulo: Globo, 2011, p. 67.

Índice onomástico

Abel, 86-7
Adams, James Truslow, 142-3, 198*n*
Adão, 68, 86
Adorno, Theodor W., 18, 186*n*
Agostinho, Santo, 18
Albert, Bruce, 192*n*
Aleijadinho (Antônio Francisco Lisboa), 151
Alexandre Magno, 55
al-Farabi, Abu Nasr, 122
Andrade, Carlos Drummond de, 89, 181*n*, 186*n*
Andrade, Oswald de, 147, 166, 194*n*, 198*n*, 199*n*, 202*n*, 203*n*
Aranha, Osvaldo, 203*n*
Aristóteles, 18, 55, 122
Arrow, Kenneth, 180*n*
Assis, Machado de, 89, 151
Avicena, 31
Azanchi, R., 191*n*

Bacon, Francis, 57, 59, 66-7, 112-3
Balzac, Honoré de, 104
Barbosa, Adoniran, 189*n*
Barbosa, Rui, 165

Berlin, Isaiah, 183n
Bernardo, São, 53, 176-7n
Bernstein, Paul L., 182n
Blackburn, Simon, 195n
Blake, William, 19, 196n
Bohr, Niels, 22
Borges, Jorge Luis, 175n
Bórgia, César, 156
Boyle, Robert, 24
Brown, Peter, 177n, 195n, 196n
Bruno, Giordano, 57
Buda, Gautama, 120
Burtt, E.A., 176n
Bush, George, 133
Byron, Lord, 127

Caeiro, Alberto (Fernando Pessoa), 35-6
Caim, 85-7
Callas, Maria, 101
Calvino, João, 18, 197n
Caminha, Pero Vaz de, 147
Campbell, Joseph, 179n, 191n
Campos, Álvaro de (Fernando Pessoa), 193n
Cardoso, Fernando Henrique, 202n
Carlyle, Thomas, 145, 186n
Castro, Eduardo Viveiros de, 14, 199n
Chamberlain, Lesley, 200n

Chamie, Mario, 198n
Cíneas, 84
Cioran, Emil, 111
Clark, David M., 196n
Colombo, Cristóvão, 100
Condorcet, Marquês de, 191n
Constantino, imperador romano, 41-2
Coolidge, Calvin, 103
Cornford, F. M., 194n
Crapanzano, Vincent, 202n
Cromwell, Oliver, 42
Cross, Gary, 189n

Darwin, Catherine, 160
Darwin, Charles, 114, 159-60
Dasgupta, Partha, 181n
Davenport-Hines, Richard, 186n, 193n
Dawkins, Richard, 40
Descartes, René, 18, 66-7
Dias, Diogo, 148
Diderot, Denis, 114, 117
Dijksterhuis, E.J., 176n
Diógenes, 54-5, 85
Dionísio, rei de Siracusa, 85
Dor, George Worlasi Kwasi, 200n
Dostoiévski, Fiódor, 166
Drucker, Peter F., 189n
Durning, Alan Thein, 189n

Ehrenreich, Barbara, 162-4, 175n, 200n
Eliot, T.S., 89, 175n
Emerson, Ralph Waldo, 42, 197n
Emmott, Stephen, 180n, 183n
Engels, Friedrich, 68-9, 115
Epicteto, 119
Epicuro, 91, 177n
Ésquilo, 65
Eva, 68

Farrington, B., 182n, 192n
Fichte, Johann Gottlieb, 68
Flandrin, Jean-Louis, 195n
Florio, John, 110
Fogel, Robert, 92, 177n
Francisco, papa, 133
Frank, Robert, 189n, 190n
Frazer, James, 40, 179n
Freud, Sigmund, 59, 114, 195n
Freyre, Gilberto, 153, 166, 199n
Friedman, Milton, 65

Gandhi, Mahatma, 60
Genghis Khan, 46
Georgescu-Roegen, Nicolas, 185n
Giannetti, Eduardo, 199n
Goethe, Johann Wolfgang von, 145, 178n, 181n
Gomes, Mary E., 183n, 197n

Gudin, Eugênio, 165

Haas, Lidija, 186n
Habermas, Jürgen, 182n
Hagberg, Knut, 176n
Hagen, Victor von, 201n
Hakim, Catherine, 194n
Hayek, Friedrich, 77
Hegel, Georg Wilhelm Friedrich, 39, 68, 116, 155, 184n
Heráclito, 27
Hitler, Adolf, 65
Hobbes, Thomas, 54, 108, 118
Holanda, Sérgio Buarque de, 139, 190n
Hölderlin, Friedrich, 155
Horácio, 87, 96, 119
Horgan, John, 175n
Humboldt, Alexander von, 155, 159-60
Hume, David, 38, 101
Huxley, Thomas H., 179n

Inácio de Loyola, Santo, 150

James, Jamie, 175n
James, William, 177n
Jerônimo, São, 126
Jesus Cristo, 59, 125-6
Jethá, Cacilda, 186n, 191n, 195n
João Daniel, padre, 149

João III, d., rei de Portugal, 150
João, São, 181*n*
Johnson, Paul, 175*n*
Johnson, Samuel, 181*n*
Jung, Carl, 79

Kafka, Franz, 103
Kanner, Allen D., 183*n*, 197*n*
Kant, Immanuel, 17, 25, 120, 155, 193*n*
Kaun, K.R., 191*n*
Kennedy, Jacqueline, 101
Kepler, Johannes, 24, 89
Keynes, John Maynard, 59, 168-9
Klein, Melanie, 184*n*
Komarov, Boris (Zeev Wolfson), 185*n*
Kopenawa, Davi, 111
Kuhn, Thomas S., 182*n*

La Mettrie, Julien Offray de, 114
La Rochefoucauld, Duque de, 120-1
Lampedusa, Tomasi di, 127
Landes, David S., 198*n*
Layard, Richard, 196*n*
Lemann, Nicholas, 198*n*
Lênin, Vladimir, 127
Leopoldo III, rei da Bélgica, 168

Léry, Jean de, 155
Lineu, Carl von, 24
Lovejoy, Arthur O., 188*n*
Lucrécio, 27, 181*n*
Lukács, Georg, 184*n*

MacAskill, William, 198*n*
Macaulay, Thomas, 59, 192*n*
Malebranche, Nicolas, 188*n*
Malthus, Thomas, 51
Manuel I, d., rei de Portugal, 147
Maquiavel, Nicolau, 156
Marcuse, Herbert, 183*n*
Margolis, Jonathan, 183*n*
Marshall, Alfred, 59
Marx, Karl, 51, 59, 65, 69-70, 77, 88, 90, 115-6, 154, 156
Mateus, São, 125, 156
Maurois, André, 196*n*
Mautner, Jorge, 167
Melo, A. da Silva, 201*n*
Mendel, Gregor, 66
Metzner, Ralph, 196*n*
Mill, John Stuart, 51, 73, 90, 115, 183*n*
Miller, Henry, 50
Monod, Jacques, 26
Montaigne, Michel de, 110
Moog, Vianna, 197*n*, 199*n*
More, Thomas, 122-3, 194*n*
Morton, Oliver, 180*n*

Nagel, Thomas, 156, 176n
Neto, Gino de Biasi, 198n
Newton, Isaac, 24, 176n
Nietzsche, Friedrich, 58, 65, 154-6, 176n, 183n, 186n, 193n, 200n
Nixon, Richard, 65
Nóbrega, Manoel da, padre, 150

Onassis, Aristóteles, 101
Orden, Kate van, 175n
Owen, David, 180n

Parfit, Derek, 50
Pascal, Blaise, 30
Passmore, John, 177n, 184n
Paulo, São, 127
Paz, Octavio, 89, 134
Peirce, Charles, 89
Pelé (Edson Arantes do Nascimento), 151
Pena, Sérgio D.J., 201n
Pessoa, Fernando, 89, 178n, 179n, 193n, 202n
Petrônio, 94
Piketty, Thomas, 190n
Pirro, 84
Pitágoras, 63
Platão, 18, 85, 122, 124
Plutarco, 187n
Pompéia, Marcos, 201n

Potter, David, 179n
Prado, Paulo, 153, 199n
Prenant, Marcel, 192n
Prideaux, John, 196n
Puckett, Earl, 189n

Rabin, M., 190n
Ramanathan, Veerabhadran, 181n
Ramsey, Frank, 30
Raynal, abade, 155
Ribeiro, Darcy, 166
Ricardo, David, 51, 89
Rilke, Rainer Maria, 183n
Risério, Antonio, 14, 161, 199n, 200n, 201n
Robespierre, Maximilien de, 65
Rousseau, Jean-Jacques, 59, 65, 108, 114, 120, 124
Rue, Loyal, 178n, 190n
Ruskin, John, 91, 94
Russell, Bertrand, 21, 59
Ryan, Christopher, 186n, 191n, 195n

Sardinha, Pero Fernandes, bispo, 149-51
Schmidt, Alfred, 192n
Schwarcz, Lilia Moritz, 201n
Shakespeare, William, 110, 176n
Shohat-Ophir, G., 191n

Skinner, Quentin, 194n
Smith, Adam, 47, 51, 59, 85, 93, 188n
Socolow, Robert, 180n
Sócrates, 89
Souza, Tomé de, 150
Stálin,Ióssif, 65
Steiner, George, 141

Tawney, R.H., 197n
Teresa, Santa, 46
Tolstói, Liev, 190n

Unamuno, Miguel de, 37

Valéry, Paul, 80-2
Veloso, Caetano, 201n
Vespúcio, Américo, 122
Vieira, Antônio, padre, 55
Villegagnon, Durand de, 109
Virgílio, 112
Vitória, rainha da Inglaterra, 21
Voltaire, 17, 193n

Waal, Helge, 196n
Watt, James, 56
Weber, Max, 77, 198n
Weeks, David, 175n
Weinberg, Steven, 29
Wheelwright, Philip, 177n
Whitman, Walt, 178n
Wilde, Oscar, 47
Willey, Basil, 176n
Williams, Bernard, 175n, 178n, 193n
Wilson, Edward O., 178n
Wilson, Woodrow, 143
Wittgenstein, Ludwig, 40
Wrong, Michela, 203n
Wulf, Andrea, 201n
Wuthnow, Robert, 197n

Yi Xing, 146
Yüan Chieh, 146

Zizek, Slavoj, 77
Zoja, Luigi, 198n

ESTA OBRA FOI COMPOSTA POR OSMANE GARCIA FILHO EM LYON
E IMPRESSA PELA GEOGRÁFICA EM OFSETE SOBRE PAPEL PÓLEN SOFT DA
SUZANO PAPEL E CELULOSE PARA A EDITORA SCHWARCZ EM JUNHO DE 2016